2021年度黑龙江省高等教育教学改革研究项目重点委托项目 重构高校教育教学形态：引领式SPOC混合教学模式的探索与实践（SJGY20210509）

# 重构高校教育教学形态：
# 混合教学模式的探索与实践

孙学玉 著

吉林出版集团股份有限公司
全国百佳图书出版单位

图书在版编目（CIP）数据

重构高校教育教学形态：混合教学模式的探索与实践 / 孙学玉著. -- 长春：吉林出版集团股份有限公司，2023.6
ISBN 978-7-5731-3956-6

Ⅰ.①重… Ⅱ.①孙… Ⅲ.①高等学校—教学模式—研究—中国 Ⅳ.①G642

中国国家版本馆CIP数据核字(2023)第127115号

## 重构高校教育教学形态：混合教学模式的探索与实践
CHONGGOU GAOXIAO JIAOYU JIAOXUE XINGTAI: HUNHE JIAOXUE MOSHI DE TANSUO YU SHIJIAN

| 著　　者 | 孙学玉 |
| --- | --- |
| 责任编辑 | 黄　群 |
| 封面设计 | 王　哲 |
| 开　　本 | 710 mm × 1000 mm　1/16 |
| 字　　数 | 206 千 |
| 印　　张 | 12 |
| 版　　次 | 2024 年 1 月第 1 版 |
| 印　　次 | 2024 年 1 月第 1 次印刷 |
| 印　　刷 | 北京厚诚则铭印刷科技有限公司 |

| 出　　版 | 吉林出版集团股份有限公司 |
| --- | --- |
| 发　　行 | 吉林出版集团股份有限公司 |
| 地　　址 | 吉林省长春市福祉大路5788号 |
| 邮　　编 | 130000 |
| 电　　话 | 0431-81629968 |
| 邮　　箱 | 11915286@qq.com |
| 书　　号 | ISBN 978-7-5731-3956-6 |
| 定　　价 | 74.00元 |

版权所有　　翻印必究

# 作者简介

孙学玉，女，满族，1981年7月出生。毕业于辽宁师范大学教育技术学专业，主要研究方向为信息技术与学科融合。现就职于哈尔滨学院，讲师，主要从事教学科研工作。参加工作以来，深耕教学科研领域，主持省级教学改革课题、参与省高教学会、教育科学规划课题多项，参编《多媒体课件制作与教学资源应用》《现代教育技术》《SQL Server 与 JSP 动态网站开发》等教材多部，发表学术论文多篇，获黑龙江省首届青年教师多媒体课件三等奖等荣誉奖项。在教学与科研的路上，秉持初心，踏实前行，不断反思，一路探索，坚守以生为本，践行提质增效。

# 前　言

随着数字化网络的普及与信息技术的发展,混合式教学模式在国内外受到教育界的广泛欢迎。混合式教学模式符合时代发展的需求,可以充分发挥信息技术的优势,实现教学效果的最大化,是时代发展与高等教育改革的趋势所在,有着重要的现实意义。

本书是基于 2021 年度黑龙江省高等教育教学改革研究项目"重构高校教育教学形态:引领式 SPOC 混合教学模式的探索与实践"(SJGY20210509)与 2020 年度黑龙江省哲学社会科学研究规划项目"'双一流'背景下地方高校质量文化建设现状与实施路径研究"(20EDE374)课题的研究成果,笔者以"重构高校教育教学形态:混合教学模式的探索与实践"为题,从三个方面进行深入探讨。首先,详细分析了高校混合教学模式的理论;其次,重点研究了高校教育中的混合式教学核心体系、高校教育中混合教学模式的形态构建;最后,从实践的角度出发,分别阐述了高校混合教学模式与不同学科的融合、高校 SPOC 混合教学模式设计与实施、高校混合教学模式的重构与实践。

本书具有以下特点:

第一,以实用性为牵引,科学合理安排章节内容。本书从基础的角度切入,对全书的整体架构、章节内容作了科学编排,注重对混合教学模式的系统分析,适合从事教育行业的工作者参考使用。

第二,语言表述力求通俗易懂,简明扼要。本书从多个层面对混合教学模式进行了理论分析,并从多个角度对高校混合教学模式实践进行了阐述。

第三,全书结构清晰,客观实用,达到理论与实践相结合,有较强的前沿性与可读性，为混合模式的探索与实践提供理论支持。

笔者在写作的过程中，大到整体的章节框架，小到细微的具体知识，都进行了细致的考察，以确保本书达到了预期目标，希望能够奉献给广大读者一本实用的好书，但是，由于时间仓促，难免出现一些问题，希望各位读者不吝赐教。

# 目　录

第一章　高校混合教学模式的理论审视…………………………………… 1
　　第一节　混合式学习及其主要元素设计………………………………… 1
　　第二节　混合教学系统设计的技术支撑………………………………… 21
　　第三节　混合教学模式中的教师转变…………………………………… 30
　　第四节　高校混合教学模式的革新方向………………………………… 37

第二章　高校教育的混合式教学核心体系………………………………… 41
　　第一节　高校混合式教学的特征及要求………………………………… 41
　　第二节　高校混合式教学服务体系构建………………………………… 46
　　第三节　高校混合式教学智慧教室建设………………………………… 48

第三章　高校教育中混合教学模式的形态构建…………………………… 51
　　第一节　基于慕课的高校混合教学模式构建…………………………… 51
　　第二节　基于翻转课堂的混合教学模式构建…………………………… 94
　　第三节　基于SPOC的高校混合教学模式构建 ………………………… 101

第四章　高校混合教学模式与不同学科的融合…………………………… 108
　　第一节　高校混合教学模式与文科融合案例…………………………… 108
　　第二节　高校混合教学模式与理科融合案例…………………………… 110
　　第三节　高校混合教学模式与艺术学科融合案例……………………… 114

第五章　高校SPOC混合教学模式设计与实施 …………………………… 117
　　第一节　"互联网+"背景下SPOC混合教学模式建设………… 117

第二节　基于超星学习通的 SPOC 混合教学实施 …………… 122
　　第三节　基于 SPOC 的混合教学模式推广与应用 …………… 125

**第六章　高校混合教学模式的重构与实践研究** ………………… 128
　　第一节　高校混合教学模式中的网络教学平台 ……………… 128
　　第二节　远程教育视野中的高校混合教学模式 ……………… 159
　　第三节　线上线下混合的高校课堂教学与评价 ……………… 163
　　第四节　"互联网+"混合教学模式应用与实践 …………… 164

**结束语** ……………………………………………………………… 180

**参考文献** …………………………………………………………… 181

# 第一章　高校混合教学模式的理论审视

教学模式是在一定教学思想或教学理论指导下，建立起来的较为稳定的教学活动结构框架和活动程序，它不仅能反映教育者的教育理念与思想，也能影响和体现学习者的学习成效。基于此，本章主要探讨混合式学习及其主要元素设计、混合教学系统设计的技术支撑、混合教学模式中的教师转变、高校混合教学模式的革新方向。

## 第一节　混合式学习及其主要元素设计

混合式学习是指通过提供一个解决方案，以适应学习者需求、学习者风格和个体学习定制，它可以通过一对一在线接触支持和加强学习。

例如，柯蒂斯·邦克在《混合式学习手册》中，将混合式学习界定为面对面教学和计算机辅助学习的结合。这个定义考虑到了混合式学习的概念是在因特网出现之后才逐渐形成的，并且指明，混合式学习的形式可以非常多样化，教师和培训者需要根据不同的学习对象、学习需求和学习情境进行开发，这为应用混合式学习进行课程设计的教师提供了创新的机会。学习者有一部分的时间在真实的物理环境（如教室）中进行面对面的学习，有一部分的时间将在虚拟环境（如网络平台、虚拟学习社区、移动学习载体等）中进行学习。

在教育界和媒体中，使用混合式学习有一个"金发带问题"的困惑，即人们使用这个术语，一部分太宽泛，是指教室中使用所有教育技术，另一部分太狭窄，只指他们最喜欢的混合式学习类型。混合式学习是在线学习和面对面教学的整合性学习体验，有三个组成的部分：①在正式教育项目中，学习至少有一部分是通过在线学习进行的，且学习者能自己控制时间、地点、路径、进度；②至少有一部分是在家庭以外的有监督和指导的实体场所进行的；③它是一种整合式的学习体验。

第一部分是为了将混合式学习与信息技术教学，如多媒体教学等区分开来；第二部分是为了与发生在咖啡馆、图书馆或家中的全职在线学习区分开来，同时避免提供监督和指导的人是学习者的家长或其他非专业人士，将"正式教育"与非正式学习区分开来；第三部分是在一门课程或科目中，每个学习者的学习路径上的模块是相互连接的，以提供一种整合性的学习体验。为了防止出现在线学习和传统课堂教学不协调的问题，大多数混合式学习过程使用基于计算机的数据系统来跟踪每个学习者的进度，并尝试将多种模式（如网上、一对一或小组学习）匹配到适当的层次和主题。混合式学习的关键思想包括学习过程中任何形式的实际"混合"。

总而言之，就"混合"一词的定义而言，其含义是较为宽泛的，甚至可以将"各种学习理论的混合""各种教学媒体的混合"等理念都纳入混合式学习的范畴。这种解释导致混合式学习包罗万象，甚至找不出几种不是混合式学习的模式，使得混合式学习实质上失去了成为一个独立概念存在的意义。经过多年的发展，混合式学习，已经从广义的"混合"逐渐过渡到狭义的"混合"，即特指通过面对面学习与网上学习相结合的方式来达成学习的目的。

## 一、混合式学习的现状与发展

### （一）混合式学习的现状

"混合式学习是为了对抗生理遗忘自然规律，提升培训学习效果，强化知识技能的实际运用。"[①]E-learning 在混合式学习中的应用现状备受关注。它广泛应用于基础教育、高等教育、继续教育、终身学习、商业和培训等领域。E-learning 提供多种服务方式，包括计算机辅助学习、计算机辅助培训、计算机支持的协作学习和技术增强的学习。这些服务方式利用了现代技术的优势，如通信技术、学习管理系统、计算机辅助评价和电子绩效支持系统。在企业界，E-learning 得到广泛应用的原因之一是降低培训成本。通过在线学习，企业可以减少培训材料的印刷和分发成本，可以节省师资和场地租用费用。此外，

---

① 秦啸. 混合式学习的启发[J]. 教育教学论坛，2020（50）：352.

E-learning 还能增强企业的业务反应能力，因为员工可以随时随地访问培训内容，无需等待特定时间和地点。这也确保了培训内容的一致性，每个员工都可以接受相同的培训，从而提高整体绩效。另一个重要的原因是 E-learning 有助于塑造学习型企业。在发达国家，大、中、小型企业对 E-learning 的使用率不断提高。通过将学习融入企业文化，员工可以不断更新知识和技能，适应不断变化的市场需求。这为企业提供了竞争优势，促进了创新和发展。

不同的问题需要不同的解决方案，即采用不同的混合媒体与传递手段。在培训领域，E-learning 作为一种颇受欢迎的培训方法，其局限性同样很明显。例如，E-learning 过度依赖技术，E-learning 要求学习者必须具备一定的 E-learning 技能，E-learning 缺乏面对面交互，E-learning 课件设计质量存在较大的差异等。随着人们对学习研究的不断深入，一种比 E-learning 更有效、更灵活的学习——混合式学习逐渐进入人们的视野，掀起了一股混合式学习研究的热潮，使得混合式学习大有替代 E-learning 的趋势。因此，混合式学习可以有效地替代 E-learning 的观点由此产生。

### （二）混合式学习的发展

混合式学习在学校教育、企业学习、成人学习中得到了广泛应用。在混合式学习应用领域，当前的任务是如何创建和积累有效融合面对面和基于计算机通信技术要素的混合式学习经验。混合式学习的十大发展趋势具体如下：

第一，混合式学习中引入了移动学习的概念，这使学习变得更加便捷和灵活。随着移动设备的普及和应用的广泛，学习者可以通过手机、平板等移动设备获得丰富有趣的学习体验，从而丰富了混合式学习的应用方式。

第二，混合式学习环境将强调可视化、个体化和实践性学习的重要性。通过利用多媒体和可视化工具，学习者可以更好地理解和掌握知识。同时，混合式学习也提供了个体化学习的机会，根据学习者的需求和兴趣进行定制化的学习路径。此外，实践性学习活动也得到了强化，学习者可以通过实际操作、模拟练习等方式进行实践，提升学习效果和能力。

第三，混合式学习将赋予学习者更大的学习自主权和责任感。学习者在混合式学习中扮演着决策者的角色，他们可以自主选择学习的类型和形式，决定自己的学习进程和目标。这种学习方式培养了学习者对学习的主动性和责任感，促进了个人学习能力的提升。

第四，混合式学习提升了学习的连接性、社群性和合作性。通过混合式学习，学习者可以与他人进行合作、构建学习社群，并扩展国际联系。这为促进全球化的理解和欣赏提供了一种有效的工具，同时也激发了学习者之间的互动和合作精神。

第五，混合式学习注重提升学习的真实性和按需性。它以真实世界的经验和情境为核心，通过补充、扩展、增强和替代正式学习，提供了更加真实和灵活的学习体验。混合式学习中的在线案例学习、情境学习、角色扮演和基于问题的学习等活动能够更好地培养学习者的实践能力和解决问题的能力，实现按需学习的目标。

第六，混合式学习在建立学习和工作之间的紧密联系方面发挥了重要作用。随着混合式学习的应用，传统的学习和工作之间的边界将变得模糊不清。在高等教育学位教育中，学习者可以通过在工作中获得学分，将学习与实际工作紧密结合起来。甚至有些学习项目能够与个体的工作绩效直接相关联，从而进一步加强了学习和工作的连接性。

第七，混合式学习也带来了学习时间的可变性。传统的教学时间约束和学习日历的设定将会减少。学习者可以根据自身的需求和时间安排来决定学习的时间和节奏，这就有了更大的灵活性和个性化选择。学习者不再受限于固定的学习时间表，而是可以根据自己的实际情况进行安排，实现更加个性化和自主的学习。

第八，混合式学习课程的设计可以根据特定任务的要求进行。通过混合式学习的路径和选项，课程和学习过程可以进行针对性设计。根据学习者的需求和目标，可以灵活选择不同的学习模块和资源，以满足特定任务的学习要求。这种按任务设计的混合式学习课程能够提供更加个性化和有效的学习体验。

第九，混合式学习环境下教师的角色也发生了变化。在混合式学习中，教师或培训师不再仅仅扮演传统意义上的知识传授者的角色，而是转变为导师、教练或咨询师的角色。教师通过引导学习者的学习过程、提供反馈和支持，激发学习者的自主学习能力和批判思维能力。他们与学习者之间建立了更加积极的互动和合作关系，促进学习者的自主学习和知识构建。

第十，混合式学习的兴起将催生出面向该领域的专门领域。这可能包括专门的教学证书、学位课程、资源库或在线门户等。专门的混合式学习领域将为教育从业者、学习设计师和技术开发人员提供专业培训与资源支持。这些专业领域的发展将进一步推动混合式学习的研究和实践，促进该领域的持续发展和创新。

## 二、混合式学习的理论基础

### (一) 混合式学习理论

#### 1. 学习理论和混合式学习

混合式学习理论框架与混合式学习概念具有很好的适应性，混合式学习过程包括以下五个核心要素：

(1) 现场活动。同步的、由教师指导的学习活动，所有学习者同时参与，如实时的"虚拟课堂"。实时同步活动是混合式学习的主要组成部分，对于许多学习者而言，现场讲师的专业知识能力是非常重要的，推动了一个有效的现场活动可以归结为约翰·凯勒的注意、关联、信心、满意模型（ARCS 动机模型）中的四个要素：注意力、相关性、信心和满足感。

(2) 网上学习内容。学习者通过个人化的学习进程，独立获取学习经验，其中包括与他人的互动、基于互联网或 CD-ROM 的培训等。自定步调的异步学习活动为混合式学习方式增添了重要价值。为了从自定进度的学习项目中获得最大价值——真正的商业成果，它必须基于教学设计原则的有效实施。大多数自定步调的学习产品都声称有教学设计基础。教学设计原则的实际实施差异十分大，结果也大不同。

(3) 协作。学习者之间可以通过多种方式进行相互交流和合作，例如使用电子邮件、参与基于论坛的讨论或进行在线聊天等形式，共同完成学习任务。当有机会进行有意义的合作时，现场活动或是自定步调的学习体验的力量就会增强。人类是社会性的，正如建构主义学习理论所假设的那样，人们通过与他人的社会性互动来发展新的理解和知识。此外，协作学习给学生提供了传统教学无法提供的较大优势，因为一个团队能够比任何个人更好地完成有意义的学习和解决问题。当创建混合式学习产品时，设计者应该创造环境，让学习者和讲师可以在聊天室同步协作，或者使用电子邮件和线程讨论异步协作。

(4) 评价。在评估学习者的知识水平时，可以采用一种特定的评估方法。在进行实时或个人化学习活动之前，可以进行前测，以了解学习者现有的知识基础；而在完成活动或在线学习事件之后，进行后测，主要用于评估知识的迁移情况。通过这种前后测评估的方法，可以更好地了解学习者的知识状况和学习成果。评价是混合式学习最关键的组成部分之一，它使学习者能够测试他们已经知道的内容，微调他们自己的混合式学习体验；它衡量所有其他学习模式和事件的有效性。在布卢姆认知中，按智力特征的复杂程度，可以将学习目标分为知识、领会、应用、分析、综合、评价等六级水平，为设计和构建评估提供了一个框架。

（5）电子参考资料。强化学习记忆和迁移的实践参考资料，包括PDA下载和PDF文件。因此，性能支持材料是混合式学习的重要组成部分，它将"学习记忆和迁移"引入工作环境中，目标是让那些对工作经验很少或没有经验的人立即获得工作表现。当今最有效的性能支持材料有可打印的参考资料、工作补助工具和平板电脑下载。

### 2. 学习理论混合的选择

基于学习者的知识水平和学习任务对认知水平要求不同，在相应的学习理论指导下，应采取合适的教学策略。行为主义的指导策略对于知识水平低下的学习者比较有效，随着学习者知识的增加，策略逐渐转向认知主义、建构主义。同样，学习任务对认知要求由低到高的变化，伴随着的学习理论和策略也由行为主义转向认知主义和建构主义。

尽可能根据所收集的关于学习者目前能力水平和学习任务类型的信息，智能地选择获得最佳教学结果的适当方法。教学设计者必须提出的关键问题不是"哪一种理论最好"，而是在培养特定学习者对特定任务的掌握方面，哪种理论最有效。选择策略之前，必须兼顾学习者和任务，并且试图描述学习者的知识水平和认知加工需求的连续性，说明每个理论观点提供的策略在多大程度上适用，最终用于证明：①在某些情况下，不同视角所促进的策略重叠（即给定适当数量的先验知识和相应数量的认知加工，一个策略可能与每个不同视角相关）；②由于每个学习理论的独特焦点，策略集中在连续体的不同点。这就是说，在将任何策略整合到教学设计过程中时，在选择一种方法而不是另一种方法之前，必须考虑学习任务的性质（即所需的认知加工水平）和所涉及的学习者的水平。根据任务的要求和学习者在要传递、发现的内容方面所处的位置，基于不同理论的不同策略似乎是必要的。

总而言之，目前学者对于"学习理论是可以混合使用的"这一观点已经普遍达成共识，并且基于学习理论的混合构建了一些理论模型。但是，大部分模型仅仅是一种理论建构的思路，缺乏必要的细节和实践操作的可行性。因此，这类模型对于认识和理解混合式学习本质和内涵有意义，但是，缺乏实践操作的价值。

### （二）生成性学习理论

#### 1. 生成性学习理论的思想

美国加州高校的莫林·维特罗克提出生成性学习的概念，并开展了大量相关教育理论和实践的应用研究。维特罗克对学习科学的贡献主要有三个方面：发展生成性学习理论、验证生成性学习理论和应用生成性学习理论。生成性学习最初是为提高阅读理解设计的，生成性教学在经济学、科学、数学等教学中得到了发展和频繁的实证检验，就是要训练学习者对他们所阅读的东西产生一个类比或表象，如图形、图像、表格或图解等，以加强其深层理解。生成性学习理论源于巴特利特把学习看作是一种新经验与现有图式相结合的建构行为观点，皮亚杰把认知发展看作是新经验吸收到现有图式中并容纳现有图式的过程观点，以及格式塔心理学家记忆学习和理解学习的区别。

生成性学习模式作为一种学习和教学的功能模式，侧重于学习者理解概念的认知和神经过程，以及有助于提高理解的教学过程。模型指出，理解新概念的过程包括学习者主动产生两种有意义的关系：第一种有意义的关系是学习的信息与学习者的知识和经验之间的关系（例如，在教学计划中，教师引导学习者，将课堂上呈现的主题与他们以前的知识库相关联）；第二种有意义的关系是要学习的部分信息之间的关系（例如，在教学过程中，教师为学习者提供了大量的机会来生成他们自己的摘要、解释、类比等）。维特罗克和同行，通过在阅读、经济学、科学、数学等科目中所进行的大量的教学实验，发现通过提高学习者主动理解的意识，促使他们通过有效的策略建立上述两类联系，可以明显地提高学习者的理解水平和对知识的灵活应用水平。

生成性学习模式是建立在神经研究基础上的。对大脑的神经研究为学习和教学的认知心理模式提供了丰富的研究成果信息，有效地运用它们，可使它们在教育上更加有用，如模型的两个注意成分（有意注意和无意注意）和动机成分反映了对注意中唤醒和激活的神经模型研究，与有关注意和动机的神经心理学和认知研究的临界闪烁频率（CFF）。

总而言之，生成性学习模式由与教学计划（即预先决策）和课堂教学（教师的交互决策）直接相关的四个功能认知过程构成，包括生成、动机/归因、注意和元认知。功能模型不是主要关注知识的结构属性，而是侧重于：①学习过程，如注意力；②动机过程，如归属和兴趣；③知识创造过程，如先入为主、概念和信念；④生成的过程，也是最重要的，包括类比、隐喻和总结等。

### 2. 生成性教学遵循的原则

维特罗克提出了多条生成性理解教学原则，其中包括：①学习者的知识、先入为主和经验对生成性教学的设计至关重要；②摘要、类比和相关结构的生成通过增加学习者对文本中的含义之间，以及文本与学习者的知识和经验之间的关系的构建而发挥作用，有效的总结和相关的构建涉及学习者自己的词汇和经验；③为了有效，生成性教学活动引导学习者构建他们不会自发构成的相关表征；④学生从教师的精心教导以及自己的生成学习中能力有所发展。学生在进行生成学习之前，先从教师的精心设计中学习；⑤根据学习者的背景知识、能力以及学习策略，生成性教学可能是直接的，也可能是间接的、结构化的，也可能是不太好的，发现不是问题，问题是建立适当的关系。

## （三）行为主义学习理论

心理学在19世纪后期成为一门公认的科学，被定义为意识的科学。美国心理学认为不能把意识作为心理学的研究主题，而取而代之以"行为"。行为主义根植于19世纪80年代，并且一直到现在还持续进化。虽然学界广泛研究行为主义，但是，行为主义者仍然难以在其定义上达到一致。

1913年，美国心理学家约翰·沃森出版了《行为学习理论》一书，引发了行为主义运动，这篇文章是关于有机体与其环境之间关系的研究。沃森将巴甫洛夫的研究结果用于动物对刺激的反应，以此作为他工作的基础。例如，当巴甫洛夫给他的狗喂食时就按响门铃。铃声一响，那只狗就会流出口水，经过对狗的多次训练，它已经知道在门铃响时要进食了。这种行为表示：犬科动物已经习惯于对外界刺激作出反应。因此，人类也可能受到类似刺激的影响。为了支持这个结论，巴甫洛夫向人们展示，他播放一种音乐，在人类中也会引发类似的行为。美国心理学家沃森，在他的条件反射实验中印证了巴甫洛夫的研究成果。他的实验对象是一个小孩，他把一只白兔和一根金属棒发出的响亮的撞击声连在一起，这种撞击声让小孩很恐惧。这个孩子对白兔的恐惧是根深蒂固的，以至于他后来又害怕其他毛茸茸的白色物体，如圣诞老人面具，甚至沃森的白发。

虽然大多数心理学家都同意心理学是研究人类行为的，但今天认为自己是行为主义者的科学家却是美国心理学家伯尔赫斯·F.斯金纳的追随者。斯金纳的大部分工作是基于沃森以前的研究。斯金纳还对动物进行了广泛的研究，尤其是老鼠和鸽子，并发明了著名的斯金纳盒子，在这个盒子里，老鼠学会按下一个杠杆来获取食物。每次老鼠推杠杆，老鼠就会得到食物，这就加强了老鼠的行为。

行为主义从一开始为社会科学研究提供了一个方向，即社会科学研究可以控制和测量所有相关变量，而忽略人类思想或认知。因此，行为主义者对人们头脑中可能发生的事情不感兴趣；他们只对行为反应感兴趣。行为主义者认为这样他们的研究就能被视为是科学的，就像化学或是物理的硬科学一样。

教育技术学中的行为主义的历史可以在斯金纳的一部教学机器中找到。斯金纳的教学机是一个死记硬背的机器，机器容纳、显示和呈现程序指令。这种教学机器被看作是早期技术的一种形式，可以与当今的基础教育软件相媲美。在使用教学机时，学生指向多项选择题中的一个编号项目，他按下与他第一次选择答案时相对应的按钮。如果他是对的，设备就进入下一个项目；如果他错了，错误就被记录下来，他必须继续作出选择，直到他选对为止。虽然机器很简单，但我们很容易看到，他的教学机器和许多今天的教育软件程序之间的相似性。与教学机一样，为学生设计的计算机软件有助于加强学生的行为。斯金纳早期的工作与发明的教学机器可以应用到现代计算机程序中，它们基本上是相同的，他的教学机器提供了一个与今天的数字世界的连接形式。

斯金纳早期的工作侧重于行为主义，他特别研究了军事中的训练和实践，他的序列的观念、训练和实践等正是现代的计算机教学程序的样子。在线学习环境中，行为主义者把课程分成更小的教学步骤。用这些较小的、更易于管理的重复的步骤可以持续监控学生的学习。

在混合式学习的情况下，外部环境并不是有形空间的实体课堂，而是在网络空间中通过网络来帮助和教导学生。许多教育工作者不赞同外部的在线环境可以提供同样的服务，觉得对学生学习的影响程度与面对面课堂上相差甚大。从行为主义者的立场来看，网络空间不能使教师与学生发展像面对面的课程那样的关系。然而，也有新的技术能够提供更好的同步通信。这些技术使教育者能够实时提供奖励和反馈。教师和学生可以用书面在线交流，这种同步在线交流也许能帮助他们弥合这一鸿沟。

行为主义理论虽然给教学带来了很多的启示，并且对在线学习设计也带来一些思路，但限于其理念和主要方法，行为主义显示出较多的问题。用得较多的行为主义学习理论的例子和应用为：①训练法（重复练习）；②奖励积分（提供更多奖励）；③参与点（提供参与激励）；④口头强化（夸奖"干得好"）；⑤建立规则。总而言之，行为主义教学中这些学习活动，学习者只需按要求去做，不主动去改变或改进。学习者主要是回忆基本事实、自动反应或执行任务，并不需要解决复杂的问题或使用创造性思维。

### （四）建构主义学习理论

从整体上来看，建构主义学习理论成功地使以混合式学习中学生为中心的教学理念得以树立。

第一，建构主义知识观。在建构主义知识观的内涵中，知识并不能纯粹客观地反映现实，它是用来解释或者假设客观现实的物质。对于问题而言，知识并不是最终的结论，在学习者的认知不断发展的过程中，知识有可能会出现变化。知识的产生基于某一个特定的情境，学习者在生活当中根据自身的经验所学到的东西才是真正的知识，这种知识会在头脑中架起建构。每一个个体赋予了知识特有的含义，如果个体不接受知识，这个知识就没有权威。因此，在教学的过程中，将科学家或者课本的权威带到教学的理念中是十分不理智的，学生只能够通过自己的知识建构来完成知识的接受。

第二，建构主义学生观。在建构主义学生观当中，学生是具有发展可能性和潜能的，是不断发展的，每个学生都是独特的个体，都有自己独立的思想。拥有独立思想的学生可以通过自己的努力来完成事业，他们的努力并不依赖于教师，他们具有自学的能力，是学习的主体。学生是新时代的继承人，新的时代代表信息化时代和知识经济时代，在这一时代下学生的发展具有新的需求，教师应当对学生的这一特点进行考虑。学习者应当主动地接受知识，将学到的知识在头脑中进行构建与运用，学生应当主动地选取外部给予的信息，学习者是教学的中心。

第三，建构主义学习观。在建构主义学习观中，教师应当让学生主动地接受知识，并且在头脑中进行知识建构，不应当单纯地传授。在接受信息的时候，学生并不是被动的，虽然需要教师的指导和帮助，但是，学生在建构知识时是主动的，其他人无法代替学生做知识的建构。学习过程的建构有两个方面：重新构建原有经验和知识的意义。学生在发展的过程中，不断构建自己的知识体系，建构主义者更加重视学习者原有知识和经验，接收其他新的知识，整合新的知识结构，需要在原有知识和经验的基础之上进行。学习者学得的知识并不是由其他人的教授得到的，而是由学习者主动地在头脑中接受知识、领会知识，并且构建自己对知识的理解所习得的。

第四，建构主义教学观。在这个观点中，最强调的一点是，学习者在学习过程中的主动性、情境性和社会性，这个观点对合作学习十分的重视。在学生发展中，社会交往起着重要的作用，这与建构主义观念中的合作学习是相似的。教学应当了解学生已经具备的知识与经验，了解学生之间的差异性和个性以及学生对知识的独特理解。教学的中心是学习者，学习者一定要发挥主体作用，在建构主义者的思想当中，教师是学习的促进者，不能够单纯地提供和传授知识，学生在学习中是加工学习信息的主体，是主动建构意义的人。

第五，建构主义教学模式。这种教学模式最突出的特点就是学生主体性，学生在教师的指导下进行主动的学习。这种教学模式的中心是学生，教师在这种教学当中的角色是指导者、组织者、促进者和帮助者。让学生能够在课堂的情境协作等环境当中主动积极地学习，发挥自己的创造能力，从而对教师所教授的知识进行主动的接受与建构。建构主义的学习环境，包含四大要素：会话、协作、情境和意义建构，应当设立有助于学生学习并且建构知识意义的情境。在整个学习活动中，都有协作的参与，参与的主体有师生和生生。在学习的过程中，最基本的方式是对话，不同的主体会进行思想的沟通与交流，从而达到协作的目的。学习的最终目标就是意义建构，教师应当提供给学习者解决问题的框架，让学生更加快速地解决问题，在学生的探索当中，教师应当予以指导，还应当给予学习者相应的材料，给他们学习的空间。建构主义教学模式包含支架式教学，在大任务当中会有许多的子任务。

## （五）联通主义理论

乔治·西蒙斯于2005年提出联通主义学习理论，它是在网络、多媒体技术日益发展，以及知识更新速度加剧的背景下产生的变革性学习理论，此理论从全新的角度解释开放、复杂、变化、信息大爆炸时代人们如何学习的问题。联通主义的提出契合当前的时代特征而受到了学界的普遍关注。

## 重构高校教育教学形态：混合教学模式的探索与实践

西蒙斯在提出新理论之初，事先说明了新理论与原有三个理论——行为主义、认知主义和建构主义的区别，这三个理论的提出年代是学习受技术影响甚少的年代，但是，当前时代发生了巨大的变化。技术的发展重塑了人们生活、学习和沟通方式，现代的学习理论必须要反思学习背后的社会环境的变化。技术支持的学习和相互联通的体系，将学习理论推向了数字时代。我们不能反复亲身体验和学习到我们需要的知识，能力的获得也来自建立联系。虽然经验一直被认为是最好的教授知识的教师，但因为我们不能体验一切，那么其他人的经历和其他人则成为知识的代理人。

混沌论作为一门科学，让人认识到万物之间的联系。事情对初始条件的敏感依赖深刻地影响着我们学习和我们如何根据学到的东西采取行动。制定决策最是如此，如果用于决策的基础条件改变，决策本身不再像当时一样正确，那么对变化的识别和调整是一项重要的学习任务。个人的自我组织层次是一个更大的自组织知识建构的微观过程。在公司或机构环境中，学习需要在信息源之间建立联系，从而创造有用的信息模式。

西蒙斯还谈了网络、节点、联接发生等问题。网络可以简单地定义为实体之间的连接。计算机网络、电网和社会网络都基于简单的原则，即人、组、系统、节点、实体可以被连接起来以创建一个完整的整体。网络内的变化总体上具有涟漪效应。在西蒙斯的观念中，有些节点比另外一些节点重要，这些节点发生联接可能性就高。

联通主义的提出是基于这样一个认识：人们的决定是基于快速变化的现实。在此过程中，人们不断获取新的信息。因此，区别重要和不重要的信息的能力是至关重要的。在作出决定时,能够认识到信息的变化也是至关重要的。联通主义理论和先前的学习理论的不同之处在于：第一，强调知识的变化性、复杂性；第二，认为知识是通过联通而获得的；第三，把学习能力放在了第一位。这些针对学习和知识的新的观点诞生于信息时代的大潮中，促使人们更新观念，重新思考学习在新时代的本质以及采用怎样的新策略。在混合式教学模式下，许多教学指令和教学内容，通过媒介甚至是通过人与人进行联接获得，因此，联接主义可以作为混合式教学的重要理论基础，为教学设计提供思路。

由此可见，混合式学习的特点之一是灵活性，学习的策略根据学科、年级、学生特点和学习结果而有所不同，并以学生为中心进行学习方法设计。混合式学习可以增加学习者的访问和灵活性，提高学习的积极性，并取得更好的学生经验和学习效果，混合式学习可以改进教学和班级管理实践。

## 三、混合式学习主要元素的设计

### （一）混合式学习效果的影响因素

"随着网络信息技术的高度发展，混合式学习越来越受到教育界的关注，对混合式学习的研究成为学校教育教学改革的热点与重要发展方向。"① 在混合式学习中，下列学习特征将影响学习者的学习效果：

#### 1. 学习者的动机和元认知能力

混合式学习的自主性和学习资源的非线性关联，需要学习者在学习中付出更多的努力。首先，必须具有较高的内在动机，有强烈意愿进行探究式学习；其次，要有较高的学业成就动机，面对多样、变化的环境和更多的学习障碍，只有付出更多的心理能力和时间，才有可能完成学习任务；再次，学习者需要有较高的自我效能感，对自己完成学习任务有主观认识和判断的能力，在遇到困难时能灵活运用策略，坚持学习任务的完成；最后，学习者需具有正确的归因方式。混合式学习的元认知能力是指学习者对自己认知过程的知识与调控。元认知能力强的学习者，能把握学习目标，对下一步所需要的学习策略和学习活动具有清晰的认识，并能控制、调节自己的学习活动，使学习过程免受无关信息干扰，从而提高学习效率。

#### 2. 学习者的学习风格

学习风格指学习者在学习情境中个体表现出的比较稳定的处理方式和倾向，包括感觉通道偏好、认知风格、社会性环境偏好等。其中，认知风格涉及学习者所偏向和习惯的处理信息的方式，以及与混合式学习关系密切。例如，场定向风格涉及学习者对外界环境的依赖程度，场独立性的学习者认知组织能力强，具有认知优势，善于解决高难度、发散性和需要灵活思维的问题，表现出对网络环境的较强适应性；而场相关性的学习者则具有很好的沟通能力，具有人际交往的优势，但在新环境中用原有的知识结构去解决新问题便会显露出弱势。

认知表征风格上的个体差异，直接表现在学习者对信息接收方式的选择

---

① 邹蓉. 混合式学习概念探究 [J]. 北京宣武红旗业余大学学报，2017（2）：237.

和偏爱上。视觉型学习者喜欢通过图表、画面等视觉性刺激接收信息，而听觉型学习者更喜欢通过听别人讲解来接收新知识。混合式学习的课程材料的表征形式对不同认知表征风格的学习者会有截然不同的学习效果。

学习者的有些学习策略和学习倾向会随着学习任务、学习环境的不同而变化，而有些则表现出一贯性，成为一种相对稳定的个性特征。此外，混合式学习者还有一些明显区别于非混合式学习者的特点，如网络环境中的学习者更容易克服对教师和学习伙伴的畏惧和羞涩心理，敢于表达意见，不在场和非实时互动可以减少束缚，有更多深入思考的时间，个性易于得到张扬。例如，学习者在网络中更易于结成团体，形成学习社区进行协作学习。学习者在网络环境中，会表现出强烈的角色扮演意识。网络环境为实现学习者角色扮演提供可能，学习者可在虚拟的混合式学习环境中变换身份，扮演他们认为与环境和意愿相符的角色，即使失败也较少有挫折感，因为网络环境允许一切重来。

### （二）混合式学习目标设计

学习目标也称教学目标，是总的教学目的或称教学总目标的具体化。教学目标也称为行为目标，这里的行为是学习者学习后习得的行为，强调教育结果的可见性和可测量性。教学目标是教学活动的导航、指南针，是教学的起点和归宿。学习目标必须明确、具体、详细。

学习目标可以分为三类：①行为目标是以具体的、可操作的形式陈述的教学目标，它指明教学过程结束后，学习者身上所发生的行为变化。行为目标的基本特点是目标的精确性、具体性、可操作性。②生成性目标是在教育情境中，随着教育过程的展开而自然生成的教学目标，它是教育情境的产物、问题解决的结果，是学习者和教师关于经验和价值观生长的"方向感"，最根本的特点是过程性。生成性目标引导着现在的生长和发展的手段，它是从各个特殊的现时状态中自然引发、生长出来的。③表现性目标是指每一个学习者在具体教育情境的种种际遇中所产生的个性化表现。其所追求的不是学习者反应的同质性，而是反应的多元性。它强调学习者的个性发展和创造性表现，强调学习者的自主性和主体性，尊重学习者的个性差异，指向人的自由与解放。

## （三）混合式学习活动与过程设计

教学是以促进学习的方式影响学习者的一系列事件，而教学设计是一个系统化规划教学系统的过程。教师是教学中的关键因素，教师在教学中能否恰当地使用信息技术，关系到混合式教学有效性的核心环节。信息技术在教学中的应用并不意味着有效教学的发生，教学设计从教学系统的整体功能出发，综合考虑教师、学习者、教材、媒体、评价等各个方面在教学中的地位与作用，使之相辅相成，互相促进，产生整体效应。混合式学习基于丰富的教学设计理论指导，其过程设计就是运用系统论的观点和方法，按照教学规律和学习者的特点，设计学习目标，规划混合式学习全过程许多因素的相互联系和合理整合，确定实现学习目标的方法、步骤，为优化混合式学习效果而制定实施方案的系统的计划过程。

教学活动是教学过程的核心环节，包括教师的教和学习者的学等一系列复杂的活动。我们可以从不同角度对学习活动进行分类：从活动的内外化角度可以分为内部和外部活动，从个体群体的角度可以分为个体学习、群体交流、自我管理活动，从活动与学习目标的内在联系可以分为意义建构、能力生成活动。在混合式学习中，每个主题需要交替安排面授教学活动和在线学习活动。教室里的面授活动可能以教师讲授为主，包括在教室里的讲座，在实习场所的实地讲解，或在展览会上的现场观摩等，也可能表现为讨论或报告等；在线学习活动则是学习者按照课程要求，主要是自主进行在线学习或协作学习，完成教师布置的任务。如何将这两种形式的学习最佳地结合在一起，是应用混合式学习活动系统设计模式所必须面对的问题。

### 1. 面对面教学活动与过程设计

（1）教师面授。混合式课堂面授与传统课堂面授的教学任务不同，混合式课堂面授不再是系统讲解，而主要是对网络教学的引导、呼应和总结。网络教学之前教师需要在课堂上对网络教学平台以及功能进行介绍，让学习者了解参与网络教学的原因和要求，同时通过课堂面对面地引领、鼓励和启发，增强网络平台学习的互动氛围和协作学习效果。通过课堂面授的引导和协助，网络平台教学可以达到更好的效果。

第一，面授导入教学。面授是学习的主要方式，也是混合教学模式的基本内容。面授应当立足于课程导入，除重点讲授各专业主干课程的基本内容和理论框架外，还可安排一些重要的实验和实训教学。面授要给学习者留有自主学习的余地，课程的背景材料、部分选修课程以及一些选择性实验应当让学习者在在线学习中完成，让学习者根据自己的兴趣爱好和职业特点有选择性地进行自主学习。实际上，导入是比较重要的环节，正如网络课程中提到的，在专题导入环节要达到以下目的：①激发学习者学习的兴趣和热情，让学习者感觉下面的内容值得学，并消除不切实际的期望值；②让学习者清楚教学的基本情况，包括学习内容、将要完成的任务、需要学习的学习材料、成绩评定方式、学习的信息信道等；③让学习者在头脑中形成学习的结构地图，初步形成学习计划。

第二，配套课件的制作。教师除了准备课程视频，还需要准备与课程视频相配套的教学课件，课件相对视频更为详细地记录课程的内容，便于学习者在观看视频的时候参考学习。通过实际运行数据发现，学习者在一开始的时候更关注教学视频学习，视频学习时间占80%；而在课程复习阶段，课件阅读时间占70%～80%，因为在复习的阶段课件复习效率更高，所以教师可以在复习阶段发布教学课件。

第三，教学重点和难点的强化。学习者对知识点的理解主要还是依靠教师的讲解，也就是传统课堂的面对面学习，这种学习方法的优势就是教师可以短时间内进行大量知识的有效讲解，短时间内教学效率较高，并且教师可以根据实际情况调整自己的教学内容，对学习者学科知识体系的搭建有着非常重要的作用。传统课堂教学以面对面的知识传授为主要特征，利于基本概念、原理、规律及事实性知识的传授，利于师生间的情感交流，利于教师监控教学进程和学习者对知识的系统掌握，在传统教学中，教师一直被视为知识的绝对权威，其教学工作主要表现在向学习者传授学科理论知识，以实现社会公共知识顺利传递到学习者头脑中，知识传递得越具体、越细致，便越成功。学习者的学习任务主要在于运用思维与记忆等方法掌握教师传授的、课程标准规定的知识，知识接受得越多，理解理论越透彻，其学习就越被视为有效。

第四，课程作业。课程作业也需要教师在随堂练习后准备好。课程作业是学习者学习考核的重要部分，教师需要通过课程的整体设计来确定课程作业，作业需面向教学目标。这个作业可以在混合式学习之后再发布，由学习者完成课程后进行自我评价和学习复习。

（2）小组讨论。每一期的教学内容需要教师提前准备，其中课堂的讨论主题也需要提前设计好，并且应围绕教师的教学开展。这些主题可以提前在网上发布，让学习者提前准备，查找相关资料，也可以让学习者在线预热，到了实际课堂,讨论才会热烈,避免冷场。课堂中的教学空间设计也将发生改变,未来的教室将发生很大变化,传统的排排坐将逐步调整为便于小组协作学习的"团团坐"。制订计划的重点在于应用,让学习者充分应用已经掌握的知识,对专题任务作出定义,这个步骤主要由学习者自主完成,学习者可以通过头脑风暴、尝试定义问题等方法,确定单元任务或相关问题所涉及的因素,并就解决问题、完成任务的实施步骤形成详细的计划。如果要求学习者以小组形式完成单元任务,则应当要求小组成员各自独立完成问题解决方案,而后综合出可行的实施计划。相对而言,真实教室里的现场氛围更有利于该环节达到理想的效果。

(3)实地观察。实地观察指有目的、有计划地运用自己的感觉器官或借助科学观察工具,能动地了解处于自然状态下的混合式课堂教学现象。教师要注意学习活动情境的设计。学习活动是学习的基本单位,学习者的学习过程总是在一定的学习活动中进行的。而学习任务是学习活动的核心,在混合教学中,学习任务都要在一定的学习情境中提供。学习情境泛指一切作用于学习主体,并能引起学习者产生一定情感反应的客观环境。

混合式学习强调学习者的主体性,激发学习者主动学习的心向,通过生动真实的情境唤起学习者原有认知结构相关的知识、经验及表象,从而使学习者去同化或顺应学到新知识。学习情境以自然的方式展现学习活动任务所要解决的矛盾或问题,在自主学习活动和协作学习活动中,通常都以创设情境引出问题这种方式引导学习者进入自主探究或者协作学习活动中,因此,教师要尽可能地创设真实、完整的教学环境。

杰拉尔德·S.汉纳和佩姬·A.德特默在其著作《课程的情境适应性评价》中根据学科内容、个体差异、教学目标、学习理论和迁移方法,把课堂评价的教学情境分为情境A、情境B和情境C,并根据不同的情境特征,设计不同的测验、评分和解释类型。

情境A:当学习内容高度具体、能被掌握且较为重要时,教学目标就是明晰的、行为性的,那么机械的、行为导向的学习就具有了意义,它追求的是低水平迁移。在这种情境中,对学习者的评价应该设计为掌握性的,应参照明晰的学习内容领域来解释掌握性测验所得到的原始分数或百分数。

情境B:对技能或课程内容非常具体但不能被掌握或不必被掌握时,应该使用区分不同成就水平的测验来评价学习者。这些测验所得的原始分数可以参照明晰的内容领域来解释,也可以转换为导出分数,参照其他被测者的表现来解释。

情境 C：当课程内容不明晰、不能被掌握且不重要时，宽泛的教学目标涵盖了认知、情感和社会各个领域，教学关注的是把新的内容整合到学习者先前的认知结构中，使之能在学科内恰当固化、再现和迁移，并能恰当地迁移到其他学科和日常生活情境中去。个体差异通过成就的水平或广度体现出来。促成高水平的迁移是教学和评价的核心任务。评价揭示的是学习者在宽泛领域的学习状况上的差异。这类测验得到的导出分数通过参照其他被测者的成绩来解释。

**2. 在线学习活动与过程设计**

（1）教学活动安排。课程以为期一天的面对面课程开始，学习者有机会与在线学习教师或面授教师见面。教师检查小组的知识，提出学习目标，讨论要学习的最重要的知识和任务，描述将通过电子邮件、聊天和视频会议进行的互动。每周通过聊天在学员和教师之间进行两次一小时的互动或课堂教学，以巩固知识。为了确保效率，要处理的主题是预先规划和结构化的。在线学习安排在某周的某个知识单元的教学计划中，根据教学需要，拟安排学习者单独或组合完成以下几种学习活动：点播授课视频、阅读材料、专题讨论、问卷调查或平台支持的其他在线教学活动形式。

（2）自主学习。在线学习能够突破时空限制，使得学习者更接近权威和名师，可以更方便地邀请专家远程参与。客座专家们通过网络可以直接参与到课程活动中，这些专家也许在某一领域比该课程的教师有更高的水平，给学习者更多的启发。在面授加网络混合的教学模式中，学习者应当更多地利用在线学习资源，拓宽自学视野。自主学习过程中应当注意三个方面：①学习者可根据自己的个性特点和发展需求对自学内容有较大的选择空间，构建满足自身需求的知识体系。②学习者可根据自己的学习实际情况灵活调整学习进度和学习方法，寻求适合自己特点的最佳自主学习策略。③在自主学习过程中应充分体现学习者的主体地位，学习者能调控学习过程，并对学习进行自我评价。

（3）视频直播。学习者越是喜欢面对面的课堂，他们就越不能够尝试其他的学习形式。网络教学可以是实时交互式教学，也可利用网络课件进行，其内容主要是选修课程、专题讲座、项目设计指导等。网络补充教学与面授导入教学要做好衔接，相互协调。远程同步教学平台通过高清摄像头、宽带网络和多屏触摸板的配置使得身处不同地区的教师和学习者在物理教室环境中实现和面对面效果一样的实时互动，利用混合同步网络课堂实现并超越真实物理课堂的效果，真正实现物理空间和虚拟空间的融合。利用课堂活动和在线平台建立起相互答疑和评价的互助机制。基于网络教学平台的自主学习，学习者容易产生孤独和焦虑感，以及各种学习障碍，导致情绪紧张，焦虑度过高，阻碍学习的顺利进行。心理咨询可以帮助了解学习者的思想动态，发现问题，解决问题，消除疑虑，给予学习者坚持学业的信心，也可以在远程直播平台上开辟相关主题的论坛，学习者之间通过帖子的交流，相互鼓励，以营造轻松友好的学习氛围，体验彼此的接纳和支持，增强学习动力。目前，远程直播平台的人际互动越来越富有情趣和娱乐性，使更多的学习者乐于沟通和支持。

（4）问题在线讨论。学习者与学习者之间的交互是混合式学习中的重要活动，主要交互形式包括自由交流（限定主题或非限定主题）和协作学习（基于任务的合作）。学习者之间的交互往往因为有相同的学习任务或相类似待解决的问题，互动交往的意愿会较热烈和主动。交互围绕学习进程进行讨论交流，合作解决各种问题，分享见解和评价，交流学习经验和技能，在学习者之间便会比较容易发生和持续进行。例如，对课程问题的求解、自主选课的讨论、作业问题、对教师的评价以及学习者之间的相互评价等，学习者之间的交互不一定具备持久的学术意义，但极大地增强了学习者的学习社区意识，有利于认知能力的提高并促成自主学习基础上的合作学习、协同学习。经常与其他学习伙伴进行交互的学习者，在学习节奏把握、学习策略、学习自我控制等能力上都得到较大提升。

（5）社区氛围营造。社交场所设计的目的是创造一种信任和开放交流的氛围，这种氛围将支持互动并质疑。混合式学习设计的作用在于人们可以设计面对面的活动，为社交活动奠定基础。而网络学习活动将在支持合作活动中维持社会存在。从在线社交的角度来看，学习者总是与他们的社区保持虚拟联系，但是他们在电脑前是一个独立意识很强的人。最终，网络学习者表现出的社会存在质量不如面对面的课堂环境。然而，在线体验可以保持和增强群体凝聚力、协作感和支持感，这揭示了混合体验对于建立和维持社区感的价值。

探究需要信任和支持的课堂伙伴。气氛营造对于面对面和异步在线学习环境都很重要。在面对面的环境中，在挑战想法和进行批评性讨论时，存在着相当大的焦虑和明显的风险。在在线学习环境中，一些学习者可能会感到不那么压抑，这是因为在线通信的异步性质，个人独自坐在电脑前不受限制。虽然在线交流可以鼓励比面对面交流更开放地交流，但必须尊重社区成员。

### 3. 基于学习者黏度的活动与过程设计

混合式学习活动设计面临的重要任务是提高学习者黏度，让学习者能够积极主动地坚持学习完网上课程。混合式学习需要一个可持续的、有激励的严格计划——这是主要的黏度因素，教室需要变得更加开放，学习空间需要变得更加灵活。整合这些元素对于黏度至关重要。明确目的是由面对面和在线社区互补实现的，是一个至关重要的设计和黏性因素。

混合式学习通过自我反思和社会性对话吸引学习者的注意力。黏度是对与课程目的直接相关的感兴趣主题的有意义的投入。在线学习关注理念和新概念与知识结构的构建。保持黏性的挑战是怎么通过真实社区和虚拟社区的充分整合来维持反思和对话。正是这种社会性协作和自我反思的统一，使得混合式学习环境变得独特。另外，师生间的信任犹如一种黏合剂，是指彼此间的一种持久的、不为外界因素而改变的互相信赖，是师生心理上的和谐一致性。因此，混合式学习活动的形式要能够让学习者在轻松、有趣、高度投入的氛围下主动地建构知识。

（1）常规性检查。常规性检查属于常规性的学习者活动。学习者已经懂得的知识往往是指最基本的基础知识，这部分知识是一般学习者都已经掌握的内容，所以在课前简单、快速地组织一下检查活动就可以了，完全没有必要花太多的时间，更加不用教师再讲一遍。实际上，这种活动也可以安排在课前让学习者提前自主完成。

（2）概括与提炼。概括与提炼属于学习者个体的探究活动。对于那些学习者暂时不懂但自己看教材可以懂的内容，教师完全没有必要马上进行分析与解释，而是要为学习者个体提供足够的时间进入教材去阅读与思考，在此基础上再让学习者尝试进行概括与提炼。学习者开始不懂的内容不等于经过有效的活动后还不懂，所以教师要懂得有舍才有得。教师舍去的是一点课堂使用时间，而学习者得到的是理解。

（3）讨论与交流。讨论与交流属于学习者的探究性、合作性活动。讨论的过程就是分析问题和解决问题的过程。由于学习者个体思维、学习背景的差异，因此很有必要通过讨论与交流来探究、交流与智慧分享。充分利用学习者资源，最大限度地挖掘学习者的潜力是高效学习策略的重要体现。

（4）讲授与阐明。讲授与阐明是教师主导性活动。对于某些内容而言，确实超出了学习者现阶段理解能力的难题，就必须通过教师来进行讲授与阐明。因为学习者并不是万能的，特别是某些专业知识或专业术语并非学习者可以理解和解释的，只有通过教师的帮助才能解决问题。当然，对这样的难题，教师应该有一个理性的准确判断。

以上不同的教学活动，其活动的层次性是非常清晰的，不同能力要通过不同的活动来获得。学习者始终是课堂活动的主体，教师是主导。课堂大部分的时间都是在教师的指导下再由学习者来支配的。毫无疑问，学习者参与的活动越多，其收获就越大；反之，教师控制的时间越多，学习者的收获就越少。

对于提高混合式课程设计的学习者黏度，尚需更多的实践探索。在混合式教学过程中，教师还要根据实际情况灵活调整，并通过网上交流等其他方式为学习者提供及时指导。总而言之，教师需要合理地混合两种学习环境，对于那些通过自主学习难以掌握的内容，在教室中面对面地讨论或小组汇报是比较有效的；而自主学习活动中，师生互动则应逐渐减少，任务的难度则应逐渐增加，并为学习者留出逐步适应的时间。

## 第二节　混合教学系统设计的技术支撑

信息技术的迅速发展为混合学习提供了强有力的支持，也让混合学习的形式更加丰富、灵活、精彩，促使混合学习突破时空限制的优点更加突出。

### 一、混合教学系统的实时与异步交流

混合学习是一种多样化的学习形式，涵盖了在线与离线学习、自主学习与实时协作学习、结构化与非结构化学习等多种方式。其中，实时交流是参与者能够实时进行沟通的方式，例如通过实时聊天室、视频会议等工具进行交流。这种实时交流的形式使教师和学生、学生与学生能够同时进行讨论、答疑、协作和分享，促进了学习的互动与合作。与此同时，混合学习还采用了异步交流的方式，即非实时的沟通方式，例如通过论坛、电子邮件等进行

交流。这种异步交流方式解决了教师和学生之间的时间差异问题，允许学习者更加灵活地利用学习资源和时间。学习者可以根据自己的时间安排和节奏，参与讨论和交流，从而更好地适应个体化学习需求。

实时交流解决了地理空间限制问题，使得学习者不再受制于地理位置，能够远程参与学习活动。异步交流则解决了学习者与教师之间的时间差异，使得学习者能够在自己方便的时间内进行学习和交流。这两种交流方式为混合学习的参与者提供了灵活的沟通方式，为学习过程带来了更大的便利和效果。

### （一）微信

微信在国内混合学习中应用得比较普遍，其主要原因是学习者大都比较熟悉微信，并且拥有自己的微信账号。微信提供了多种功能，如群聊、讨论组、视频通信和文件传送，这些功能使得学生能够与在线伙伴即时交流，分享彼此的观点和看法，提出问题或回答问题。在集体或分组讨论、消息发布和文件传送等方面，微信在混合学习中发挥着积极而重要的作用。学习者可以利用微信联系其他在线学习者，在混合学习过程中进行实时在线交流，并根据需要传递和分发学习资料。微信具有即时性和快捷性的特点，特别是其视频通信功能，为混合学习提供了有力的支持。学习者可以通过视频通信实现面对面的互动交流，促进学习者之间的交流和合作。同时，微信还提供了群聊和讨论组的功能，使学习者能够方便地组织集体或分组讨论，并及时发布学习相关的消息和资料。

此外，微信的文件传送功能也使得学习者能够方便地分享和传递学习资料，促进学习资源的共享和协作。

### （二）腾讯会议

腾讯会议是一种通过视频传输线路和多媒体设备实现即时、互动沟通的系统设备，类似于视频电话。它的软件系统和硬件系统共同协作，能够将静态图像、动态图像、语音、文字、图片等多种资料传送到不同地理位置的用户计算机上，实现信息交流，模拟面对面沟通的情境。在混合学习中，腾讯会议被广泛应用，并尤其适用于不同地理位置的学习者。它的出色功能极大地提高了学习者之间的沟通效率，减少了差旅成本，并且在促进学习成效方面也发挥了积极的作用。因此，腾讯会议不仅仅是一种方便的远程沟通工具，还成为了混合学习和远程学习的重要支持方式。

在混合学习环境中,腾讯会议发挥着关键的作用。随着教育领域的数字化转型,传统的面对面教学已经不再是唯一的教学模式。腾讯会议通过提供高质量的音视频传输,以及强大的互动功能,打破了时空限制,使学生和教师能够实时进行远程教学和学习。学生可以在家中或任何其他地点,通过腾讯会议与教师进行实时互动,参与讨论、提问问题,并且能够共享屏幕展示学习材料。这种虚拟的面对面交流能够提供更加真实的学习体验,激发学生的学习兴趣和积极性。

腾讯会议在教育以外的领域也得到了广泛应用。在政府、法院、科技、能源、医疗等行业中,腾讯会议成为重要的会议和沟通工具。通过腾讯会议,不同地域的工作人员可以方便地进行远程会议,共同讨论问题、作出决策,并且能够共享文件和展示相关数据。这大大提高了工作效率,降低了会议成本,同时也为跨地域的合作提供了便利。

值得一提的是,在教育和工作场景中使用腾讯会议时,一些辅助功能的应用使得沟通更加便捷。例如,实时翻译功能可以帮助语言不通的人士进行交流,字幕功能可以辅助听力有困难的人士理解会议内容。这些功能的引入,为不同背景和需求的用户提供了更加友好、包容的学习和工作环境。

尽管腾讯会议在混合学习和远程工作中发挥了重要作用,但也需要注意一些潜在的挑战和限制。网络连接的稳定性和带宽问题可能会影响视频传输的质量和稳定性,影响沟通效果;使用腾讯会议进行教学和会议时,也需要注意保护隐私和数据安全的问题,确保信息不被泄露或滥用。

总而言之,腾讯会议作为一种通过视频传输和多媒体设备实现即时、互动沟通的系统设备,已经在混合学习和远程工作中得到广泛应用。它提供了高质量的音视频传输和丰富的互动功能,极大地促进了学习者之间的沟通和合作,减少了差旅成本,并提高了学习和工作的效率。然而,我们也需要认识到腾讯会议在网络连接、隐私保护等方面所面临的挑战,不断改进和完善技术,提供更好的用户体验和安全保障。腾讯会议的成功应用不仅为教育和工作领域带来了变革,也向我们展示了数字化时代下沟通与协作的新模式。

(三)论坛

BBS(Bulletin Board System)是一种互联网上的电子信息服务系统,它为用户提供了一个共同的交流环境,在这个环境中,用户可以发布信息、提出看法、进行讨论和聊天。BBS 具有交互性强、内容丰富的特点，类似于日常生活中的黑板报，根据主题被分成各种版块，以满足用户的不同需求。

在 BBS 中，人们可以阅读他人的观点，也可以毫不保留地发布自己的想法和观点在论坛上。这种开放性和平等性的交流方式突破了时间和空间的限制。无论是身处何地，人们都可以参与到 BBS 的讨论中来，与其他人交流、互动，并从中获取知识和信息。论坛作为混合学习环境中的重要组成部分，起着促进学习者进行非实时讨论的作用。与实时交流相比，异步讨论更加实用和灵活。学习者可以在自己的方便时间内参与讨论，不受时间和地点的限制。这种灵活性使得讨论可以持续延伸，确保了讨论的深度和广度。

BBS 的讨论环境通常被视为一个平等和开放的社交空间。在论坛里，人们可以在一个公正和平等的氛围中展开讨论，不会受到个人年龄、学历、知识、社会地位、财富、外貌、健康等因素的影响。每个参与者都有机会表达自己的观点，与其他人进行交流和互动，这种平等性和开放性有助于促进深入的学习和理解。

在混合学习中设置论坛的目的是促进学习者之间的非实时讨论和交流。通过论坛，学习者可以分享自己的想法、提出问题、解答疑惑，从而扩展自己的知识和理解。学习者可以在论坛上参与到各种话题的讨论中，与其他学习者交流心得和经验，互相启发和促进学习的深入。

总而言之，BBS 作为混合学习中的一个重要工具，为学习者提供了一个非实时、开放、平等和丰富的交流环境。通过参与论坛讨论，学习者可以充分表达自己的观点，与其他人互动和交流，拓展知识和理解。论坛的异步讨论形式使得学习者可以自主选择时间参与讨论，并保证了讨论的持续性和深度。在混合学习中，充分利用 BBS 等论坛工具，可以促进学习者之间的合作与共享，提高学习效果和成果的质量。

## 二、混合教学系统的虚拟现实技术

虚拟现实技术是一项综合集成技术，它可以利用计算机图形学、人机交互技术、传感器技术、人机接口技术以及人工智能技术等，创造逼真的虚拟世界体验和交互。在教育领域，虚拟现实技术具有重要的应用价值，它能够提供生动、逼真的学习环境，替代危险、高成本的实操训练，保障学习者的安全并降低培训成本。

虚拟课堂是应用虚拟现实技术的一种形式。在虚拟课堂中，学生可以按照教师的计划进行学习，也可以自主点播学习资料、在线交流和探讨，满足个性化需求，利用各种方式和资源进行学习。这种灵活性和个性化的学习方式可以提高学习者的主动性和积极性，促进他们的学习效果。

虚拟现实系统由硬件设备和系统软件组成。硬件设备包括跟踪系统、触觉系统、音频系统、图像生成和显示系统以及可视化显示设备。跟踪系统用于实时检测用户的位置和姿态，使用户在虚拟环境中能够进行自由移动和互动。触觉系统则提供用户与虚拟物体的交互反馈，增强用户的沉浸感。音频系统能够模拟真实的环境声音，增强用户对虚拟环境的感知。而图像生成和显示系统则负责生成逼真的虚拟场景，并通过可视化显示设备呈现给用户。

虚拟现实系统软件也多种多样，包括面向桌面的虚拟环境系统和面向工作站的虚拟显示软件系统。这些软件系统能够帮助开发者快速创建和定制虚拟现实应用软件，提供丰富的交互功能和多样化的场景设置。

总而言之，虚拟现实技术在教育中具有巨大的潜力。它能够创造逼真的学习环境，提供安全高效的培训替代方案，并提供灵活个性化的学习方式。通过虚拟现实技术，学习者可以在虚拟课堂中体验全新的学习方式，增强学习效果。随着技术的不断发展和创新，虚拟现实技术将在教育领域发挥越来越重要的作用，为学生提供更好的学习体验和教育机会。

## （一）混合教学的虚拟课堂

虚拟课堂是一种通过计算机网络在虚拟空间中创建的学习环境，使教师和学生可以进行远程教学活动。它包括三种类型的教学活动：模拟现实课堂、扩展现实课堂和创新现实课堂。首先，虚拟课堂是现代学校教育环境中的重要组成部分。虚拟课堂为学生提供了一个开放、创新的学习平台，能够激发他们的学习动机和提升创造力。通过虚拟课堂，学生可以在不受时间和空间限制的情况下获取知识和教育资源。他们可以与来自世界各地的教师和学生进行互动，分享不同文化和观点，拓宽自己的视野。虚拟课堂还提供了丰富多样的学习工具和资源，帮助学生以更灵活的方式学习和探索知识。其次，虚拟课堂与现实课堂之间的关系是现代学校教育需要正确处理的问题。虚拟课堂不能完全取代传统的面对面教学，而是应该与之相互融合，实施混合学习。混合学习将虚拟课堂和现实课堂结合起来，充分发挥它们各自的优势。虚拟课堂可以提供更丰富的学习资源和个性化的学习体验。而现实课堂则强调实践和社交交流，培养学生的团队合作和问题解决能力。通过混合学习，学校可以打破时间和空间的限制，提供更灵活的教学模式，满足学生多样化的学习需求。

在混合学习中，可以利用网络学习系统构建虚拟课堂。网络学习系统提供了各种功能和工具，可以支持教师和学生之间的信息传递和反馈。例如，展示工具可以帮助教师展示教学内容，包括幻灯片、视频和实时演示。白板工具可以用于教师和学生的互动和合作，在虚拟空间中共同创造和编辑内容。聊天室工具则提供了实时的交流平台，教师和学生可以通过文字、语音或视频进行讨论和互动。这些工具不仅方便了教学过程中的信息传递，还能及时获取学生的反馈和意见，促进教师和学生之间的有效沟通和互动。

总而言之，虚拟课堂是现代学校教育中不可或缺的一部分。它能够激发学生的学习兴趣和创造力，为他们提供更广阔的学习机会。然而，在实施虚拟课堂时，学校应该正确处理虚拟课堂与现实课堂的关系，实施混合学习，将两者相互融合。通过合理利用网络学习系统的功能和工具，学校可以构建一个高效而创新的虚拟课堂，提供优质的教学体验和学习资源，培养学生全面发展的能力。

### （二）典型的虚拟现实系统

虚拟课堂是一种在虚拟空间创建的学习环境，它在现代教育中扮演着重要角色。通过利用虚拟现实技术，教育领域可以获得许多益处。虚拟现实技术在多个领域得到广泛应用，包括培训与教育、仿真建模、计算机辅助设计与制造、可视化计算、遥控机器人、计算机艺术等。其中，虚拟课堂是其中一个重要的应用。

虚拟课堂作为一种以现实课堂为原型构建起来的有组织的学习环境，能够通过计算机网络实现教师和学生之间的远程教学活动。它不仅具有现实课堂的一般特征，如教师授课和学生学习的交互性，还具备自身的特性。虚拟课堂既是对现实课堂的模拟、延伸与扩展，也是对现实课堂的超越与创新。它改变了传统的知识传授方式，通过实时互动和情节化的交互式教学环境进行授课，使学习变得更加生动有趣。

虚拟课堂的教学活动可以根据其与现实课堂的关系概括为模拟现实课堂、扩展现实课堂和创新现实课堂三种类型。模拟现实课堂的教学活动包括同步直播教学和同步集体互动讨论，通过实时的视频和音频传输，教师可以远程授课，并与学生进行实时互动。扩展现实课堂的教学活动包括异步点播教学、异步集体互动讨论和异步文本资料的课外自主阅读，学生可以根据自己的节奏和时间安排进行学习。创新现实课堂的教学活动包括以数字资源利用为主的个性化学习、以在线合作为主的小组学习和以在线群体交互为主的社会性学习，这些活动促进了学生的主动参与和合作学习。

虚拟课堂已经成为现代学校教育环境的重要组成部分，它为教师教学和学生学习提供了一个重要场所。在虚拟课堂中，学生可以以本能化的方式展开活动，由于社会限制的弱化，虚拟社会成为自由社会。同时，虚拟课堂也成为激发学生学习内在动机和提升学生创造力的有效环境。因此，现代学校教育应该正确处理虚拟课堂与现实课堂的关系，充分发挥两种课堂在育人方面的优势，综合利用两种课堂各自的功能，形成整体的教学解决方案，实施混合学习，实现两种课堂的融合。虚拟课堂和现实课堂的融合教育方式将成为信息社会中教育的主要方式。

在混合学习中，可以利用网络学习系统构建虚拟课堂。虚拟课堂主要利用 Blackboard 等网络学习系统的展示工具、白板工具、聊天室工具、问题管理工具、小组工具、课程地图等构成，以模拟课堂的信息传递与反馈等主要功能。这些工具和功能为教师和学生提供了交流和互动的平台，支持教学活动的展开和学习效果的评估。

综上所述，虚拟课堂作为一种以现实课堂为原型构建起来的学习环境，通过计算机网络实现教师和学生之间的远程教学活动，已经成为现代学校教育环境的重要组成部分。通过正确处理虚拟课堂与现实课堂的关系，充分发挥两种课堂的优势，实施混合学习，可以实现两种课堂的融合，提供更加丰富、生动和互动的教学体验，促进学生的学习动机和创造力的发展。虚拟课堂的发展将进一步推动教育进步，成为信息社会中教育的主要方式之一。

## 三、混合教学系统的智能空间技术

应用于混合学习中的智能空间技术可以为学习者营造一种具有针对性和适应性的学习环境。学习者在该环境中能够更加方便地获取适应自身情况的学习资源，从而使得混合学习更为便捷、高效。

### （一）智能空间

智能空间是一个将物理世界和信息空间融合起来的重要研究领域，注重自然的人机交互，适应用户和设备的动态演化，能够帮助用户高效地完成任务。

重构高校教育教学形态：混合教学模式的探索与实践

智能空间具备感知或观察、分析或推理、决策或执行三大基本功能，主要体现在两个方面：一方面是物理世界中的物体与信息空间中的对象互相关联；另一个方面是物理世界中物体的状态变化会引发信息空间中相关联的对象状态的改变，反之亦然。其目的是建立一个以人为中心的充满计算和通信能力的空间，让计算机参与到从未涉及计算行为的活动中，让用户能像与他人一样与计算机系统发生交互，从而使用户能随时随地、透明地获得人性化服务。智能空间主要包括硬件设备、普适网络和系统软件三大部分。

硬件设备根据用途大致分为两大类：第一，用来维持正常运行的系统设备。主要包括：获取现实物理世界中环境参数（如图像、语音、温度等）的设备，如传感器节点、照相机、麦克风等；分析环境参数以捕获信息的处理器；基于推理信息作出相应决策的执行器，如扬声器、放映机、机器人等。能量供应设备，如电池、电网装置等。第二，用来提供日常服务的用户设备。主要包括：传统的输入、输出设备，如鼠标、键盘、发光二极管等。方便用户在任何地点与智能空间进行交互的无线移动设备，如个人数字助理（PDA）、手机、掌上电脑等。带有自适应性的智能设备，如智能家具、生物传感器、智能机器人等。

智能空间的明显特点是利用普适网络连接物理世界。作为一种普遍互联的环境，智能空间包含计算机、各种物体之间以不同方式产生的相互连接。智能空间的网络环境包含互联网、自组织网络、无线传感器网络等不同类型的网络。普适网络是以多种无线网和移动网接入互联网，实现的异构集成网络，由用户、物理世界中的感知器、嵌入计算资源、系统提供的服务四部分共同协作构成的空间，具有移动性、多样性、间断通信、提供动态性和暂时性服务等特点。普适网络支持异构环境和多种设备的自动互联，能感知物理的传感器节点和设备，其运作过程是嵌入计算资源利用感知器的感知结果，通过计算使用户获得系统所提供的无处不在的通信服务的过程。

系统软件的作用是对智能空间中大量的物体、信息设备、计算实体进行管理，为它们之间的数据交换、消息交互、服务发现、任务协调、任务迁移等提供系统的支持。与传统分布式系统软件不同，智能空间中的系统软件包括物理集成和自发操作两大类。目前，智能空间研究的热点主要体现在信息采集、上下文感知计算、中间件、智能决策与执行、安全性等方面。

## （二）智能课堂

智能教室是一种在混合学习中广泛应用的智能空间技术。通过在现实教室中嵌入信息呈现设备、传感设备、感知模块和计算机系统，智能教室实现了实时交互式远程学习系统的交互接口。它集成了声音识别、计算机可视化、通信技术等多种技术，通过数字投影仪、计算机网络、音响系统、触摸屏控制系统等设备提供多媒体化、网络化和智能化的教学环境。一个典型的智能课堂系统可以采用各种技术和设备来实现创新的教学方式，如清华大学开发的智能课堂系统，包括触摸功能的投影板，用于教师展示和远程学习者观看，侧面投影板用于显示远程学习者图像和虚拟助手，摄像头用于识别和解释教师的动作。这种系统通过创造性的交互方式，使学生能够更加直观地理解和参与到教学过程中。另一个例子是多伦多高校开发的智能教室，它支持可视化协作。该系统提供了多块交互式电子白板，学习者可以使用手持移动终端设备进行交流和信息共享。这种智能教室的设计使学生可以更好地合作、互动和分享想法，促进了合作学习和知识共享。

智能课堂的混合学习在教育中具有许多优势和作用。首先，它可以实现个性化学习。智能课堂通过提供多样化的学习资源和交互方式，可以根据学生的不同需求和兴趣进行个性化的教学。这样，学生可以根据自己的学习风格和节奏进行学习，提高学习效果；其次，智能课堂可以解决学习者差异性问题，并提供公平、平等的学习环境。传统教室中，一些学生可能由于各种原因无法充分参与教学活动。而智能课堂通过技术的支持，可以为这些学生提供更多的参与机会和支持，确保他们能够获得平等的学习体验。

此外，智能课堂还能满足不同类型和需求的学习者的学习目标，包括有特殊需要的学生。例如，对于视觉障碍学生，智能课堂可以提供辅助技术和设备，使他们能够以更直观的方式获取知识和参与教学，对于听觉障碍学生，智能课堂可以提供文字转语音和手语翻译等功能，使他们能够更好地理解教学内容。

综上所述，智能课堂作为混合学习中的一种关键技术，为教育带来了许多创新和优势。通过智能教室的应用，学生可以在多媒体化、网络化和智能化的环境中进行学习，获得更加丰富、个性化的教学体验。同时，智能课堂还可以解决学习者差异性问题，提供公平、平等的学习机会，并满足不同类型和需求的学习者的学习目标。因此，智能课堂在教育中具有广阔的应用前景，将为教育创新和学生发展带来更多机遇与挑战。

# 第三节　混合教学模式中的教师转变

## 一、混合学习对教师能力的要求

教师专业内涵包括教会学习者学习、育人和服务三个维度。教师专业基础包括专业精神、专业知识和专业能力，其专业作用的主要载体是学习者和课堂。混合学习中学习者和课堂的变化，意味着专业精神、专业知识和专业能力的同步变化，这理所当然地要追问教师的能力。

### （一）教师应适应教育与技术的紧密联系

混合学习的核心是教育与技术的紧密联系。从学习者的角度看，数字化生活对数字化学习的"顺应力"是学习者变化的关键；从课堂结构看，在线资源的质效提升是促进传统课堂结构解构的关键。混合学习所带来的课堂结构的变化，从本质上体现了教育中长期发展规划中所提及的信息技术对教育发展具有革命性影响，回应的是信息技术对创新教育内容、教学手段的变革。

教学是一个具有相对自主空间和运行逻辑的场域，按照特定的逻辑、规则和常规运行，支持这种逻辑、规则和常规的作用是教师对学习场域的环境塑造。接近学习者视域话题的有指引性的"论战"、有目的性的"背弃"、有针对性的"偏执"，都将促进学习者将在线学习知识融入课堂知识内化。教师需要按照"乐学"的要求，塑造学习场域，这对教师能力提出了新的要求。整合"易学"资源是指教师需要有识别资源的能力，将最适合的资源展现在学习者面前。"资源只有使用才能体现价值"，这句话在混合学习时代可以改为"资源只有实用才能体现价值"。资源的实用性是指与学习者视界接近的资源，可以促进学习者在情感上共鸣的资源。脱离学习者，资源在学习过程中的效用有限，这也是各种场合中教师抱怨现在的学习者难以"管教"的根本原因。资源整合并不是一件容易的事情，它需要从趣味性、与生活的距离、跨界引导、创新引领等多个维度考虑资源的效用，同时，还需要借助大数据的科学论证来确保资源符合学习者的需求。实施"深化"工程是指混合学习的课堂完成必须以深度学习的达成为条件。

实现知识的内化和能力的提升是混合学习理念在课堂上的落实。其形式是交互性学习活动以及自主性学习活动。其目的是实现学习者个性的、情感的、社交的、道德的、精神的和智力的全方面发展。实现混合学习课堂所体现的"关注人的整体与完整,实现人的和谐统一发展"变化。把握生成特征是指把握混合学习课堂的过程性和发散性,明白课堂的进展,并不是按照课题既定的过程有条不紊地发展的,即从意识上、思想上、行动上将混合学习的课堂当成生成型课堂。

生成型课堂是相对预设型课堂而言的,指的是在学习过程中,通过不断调整学习活动,显现学习者学习的主体地位,实现教学过程的动态性、过程性和开放性。实现创新课堂是指在混合学习中不断地创新形式,以保障混合学习的高效。混合学习并不是程序化的课堂,而是"创新"的课堂。理解这种"创新需要把握学习者需求。学习者不是一成不变地按照教师所创设的环节开展学习的,而是根据学习进展甚至是学习情绪来调整学习内容、步调和方式的。这就要求教师不断地"创新"课堂形式,从各类学习方式的时间调整、学习活动的内容与形式创新等方面,促使学习者保持对课堂的新奇感,实现吸引学习者参与课堂的目的。

## (二)教师应引领混合学习时代

教育的健康发展教师是教育的主要参与者,是创建学习者成长环境的关键,教师对自身的终极追求、价值向度和现实旨归,决定了教育的引领能力,也决定了学习者的成长环境。

### 1. 混合学习过程中教师的引领作用

从混合学习的课堂结构中可以得知,教师专业发展的评价标准已经发生了变化,教师在学习过程中的引领标准也发生了变化。

(1)教师在育人方面的引领性。在混合学习通过媒介扩展了学习空间之后,教师的角色发生了变化:从关注知识传授的有效性向在复杂环境下完成整体任务的效率转变,从帮助学习者获取知识,向帮助学习者建构知识转变,从育人环境的主要展现者向育人环境的主要缔结者转变,从学习者的对立面向学习者的协同工作者转变。这种变化的本质是教师担当了更多的人文职责,避免学习者在获取技术和保持人文精神方面的不和谐。这也就要求教师将人文素养与专业能力放在同等重要的地位,以实现引领学习者发展的作用。

（2）教师在自身专业方面的引领性。教师需要将混合学习环境的变化需求同专业成长结合起来，实现教师应有的理论与实践能力的融合。

### 2. 教师在日常生活中的引领作用

混合学习产生于数字化生活，也为更深层次的数字化生活培养人。数字化生活最为核心的特征是个性、创新、批判等。个性使得数字化生活的人群展示自我的渴望，较以往而言显得更加强烈，这种变化正是腾讯QQ、微信等社交软件大行其道的原因。创新是数字化一代的又一重要标签，原因是网络的有效利用降低了创新的门槛，如一个富有创新的产品可能只需要一台三维打印机而已。

批判是指对结论或者特定形式进行包含求真、开放、分析、系统、自信、好奇的分析、解释、自我校准、推论和说明，产生于隐置在网络环境下的权威的消解和基于见识的思考。面对这种数字化生活的特征，教师需要发挥在日常生活的引领作用。首先，是善德为先。个性，并不是对立于共性的品质，而是展示更好的自我存在的品质，个人的生活不应该与群体的生活产生冲突。在混合学习过程中，需要教师把控好学习的进展，将自定步调的学习置于课堂学习场域以外；其次，是觉醒精神。将谦虚、友爱、果敢、担当、智慧等良好品性，通过教师的日常生活转化为学习者成长的环境创建因素；最后，是批判与创新。教师需要不断地对自身批判、对资源批判、对学习者偏离成长轨迹的批判，通过不断地批判将评判精神融入教师的生活，通过批评来改善，实现创新，展现引领气质。

### （三）教师自身需要具备精神气质

教师的发展经历了不同的形态：长者为师、史者为师、知者为师、能者为师、觉者为师，与数字化时代相适应的形态是觉者为师形态。觉者为师是指教师对生命价值、教育价值和文化价值的自觉守护和积极追求，以实现人生的自由与境界的突破。生活在一定文化中的人，对其文化要有"自知之明"，明白它的来历、形成过程，所具有的特色和它的发展趋向，自知之明是为了加强对文化转型的自主能力，取得适应新环境、新时代文化选择的自主地位。混合学习带给了教师新的发展困境，需要教师自觉识别来历与形成过程，明白发展趋势，加强转型的自主能力，在混合学习的推进中取得主体地位。具体而言，就是要具备人生自觉、职业自觉、文化自觉和行动自觉，并转化为自身的气质，呼应时代的需求。

人生自觉就是将自我失落转化为自我觉醒，教师需要从混合学习角色的转化中找到自身的价值，注重德行涵养、精神修炼和人格完整，不断用自身尺度来衡量自我理想，并将理想转化为混合学习所需要的兴趣和动机，自觉追求人生幸福和自我实现。职业自觉是将职业不适转向自觉适应。教师需要通过消解以往经验带来的影响，自觉发展混合学习所需要的能力，实现自身的职业能力再造。文化自觉是指将混合学习文化产生的矛盾，转化为文化调适状态。混合学习课堂中，教师不再是理所当然的中心，因此，教师需要以更为开放的心态与学习者、同行进行互动沟通，将学习者、同行的精神成长与自身精神成长紧密联系，与先进社会文化、网络文化、学校文化、学习者文化进行互动，促进先进文化的生成。行动自觉是指教师需要洞悉现代潮流，分析对混合学习课堂有价值的因素，不断反思自我参与混合学习的问题，并积极进行思考、交流、改进，逐步形成协作精神、自我发展精神、创新精神、学习者中心精神，回应混合学习的能力需求。

## 二、转向混合学习的教师能力发展策略

尽管回应混合学习时代教师的能力要求，为教师能力发展指明了方向，但是，方向并不代表能力的应然状态。教师能力的发展既依赖教师群体及自身动力，也依赖外部体制机制建立的激励、制约与保障作用。

### （一）教师群体激发自身动力

#### 1. 发扬教师觉者精神，自觉适应课堂变迁

（1）教师需要通过人生自觉成为自觉自主的"我"。正是在线学习的存在，解决了知识获取问题，弱化了教师在课堂教学中的地位，致使教师制度权威的消解，并得到了教师和部分教育人士的认同。但教师的权威建立在教师专业性的身份上，赋予教师地位的根本是学习者的存在，这都不会随着混合学习课堂的到来而消失。教师权威的消解本质是教师人格、处事方式、自觉精神等所塑造的魅力权威没有与学习者形成基于时代的互动。教师的需求是梳理数字化生活的典型特征，将追求人生幸福与适应混合学习所带来的职业变化结合起来，完善自我。

（2）教师需要通过职业自觉掌握与混合学习体系相关的能力和技能。学习方式与课堂形态的改变，意味着教师能力与技能的需求变化。从混合学习

的实践来看，教师需要发展的能力主要是基于教育技术的课堂设计、实施和评价能力，需要系统论、耗散结构理论、社会连通理论、认知连通理论、大数据理论等先进理论的支持，并强化课堂组织策略获取混合学习课堂所需要的教学智慧。这就需要教师按照职业变化的要求，进行基于职业的自我改造，引领学习者学习生活的发展。

（3）教师通过文化自觉建设与混合学习相适应的先进文化。混合学习改变了传统的教与学的关系，教师通过教学组织与学习者通过学习活动发生互动。开放、创新、个性化等词汇成为学习文化、校园文化和教育文化的标签，并且融入教育体系，向先进文化转向也是教师的使命所在。因此，教师需要将混合学习所代表的开放文化、创新文化、个性文化相互融合，并批判性地指引学习者承担社会责任，促进学习者身心发展。同样，混合学习接入了全球资源，教师需要有所担当，引导民族文化的传承和发展，自觉吸纳人类文明的共同成果，同时抵制不良文化的影响。

（4）教师通过行动自觉落实与混合学习相适应的行为举措。无论是人生自觉、职业自觉、文化自觉，体现得更多的是意识形态。要促进混合学习的发展，需要更多的教师将理念转化为混合学习的实践，在混合学习中与学习者交互，与其他教学工作者共享知识、智慧，并在实践中不断反思和成长，形成觉者所要求的爱心、激情、执着，做到"觉而有情"。

## 2. 顺应教师组织作用，适应非平衡工作状态

随着复杂科学的产生，自组织理论受到高度重视。一个开放的系统使自组织变得必要，混合学习通过各类资源的接入，塑造了开放的系统，也提出了教师自组织的需求。按照自组织理论，强化连接、组合、协同的组织形式与力量，可以通过组织性行为发挥教育的协同效应和整体效应，促进教师对混合学习的适应与创新。自组织理论指出，非平衡表达是系统内部的非均匀状态以及这种状态引起的不确定性、不稳定性和新奇性。混合学习正是满足了非平衡状态的基本特征，表现了更多的问题情境、不满足情境和多种可能情境。对于教师而言，意味着可以获得更高层次的工作满足状态，使自身获得更多的自我实现的可能性。

（1）混合学习彻底突破了以往的平衡状态。对于教师个体或者整个教师群体而言，以往的平衡状态不复存在，转而是不平衡的一个新常态。因为其面对的世界已经是复杂的混合世界。这种混合将一切可以接入的网络资源接

入课堂中,需要教师关注学习者的变化,并不断地根据学习者的状态调整课堂的实施策略,需要对学习者脱离教师视野的在线学习过程提供支持服务。这些都是一种新状态,需要从自身成长、同伴进步、学校引领中找到支撑,其作用实施主体就是教师自组织。

(2)教学已经不再是"一个人"的状态,时刻都需要组织协同支持课堂的实施。目的性是人类实践的根本特性,教育的目标是教育过程中对人的质量和规则的把握。在混合学习中,由于以往的平衡状态被突破,进入了非平衡状态,各种不可预知的情境给教师群体展现的是不再熟悉的程序教学。要实现教育的计划性和目的性,需要统整教材以及数字化资源、教学场域塑造、课堂实施等各个环节,需要不同的工作群体发挥协同效应。即便是教学实施环节,也需要教师通过群体性的实践—反思、交往—对话、教学—科研等基于自组织活动机制,不断交流和探讨混合学习的生成型课堂,实现学习活动的精益求精和育人新局面,提升教师群体智慧。

### (二)建立适应混合学习课堂的体制机制

#### 1. 收集学习过程的大数据,促进教师观念更新

随着信息技术的发展,大数据逐渐成为一种教育技术研究范式。其核心活动是过程数据获取、存储维护、分析。通过大数据记录学生的学习过程,开展学习分析,提供个性化、智能化、科学化的学习内容,形成个性化的学习环境促使学习绩效的提升备受关注。混合学习将部分学习任务放在了基于网络的在线学习系统,使学习过程数据的收集、存储和分析变得相对简单,使混合学习绩效提升,由愿景变成现实,同时,也为促进教师观念更新提供了数据依据。

(1)通过大数据所展示的绩效促进教师观念更新。混合学习教学效果明显优于单纯的面对面学习。但大数据能做的事情远多于这些,依托大数据以及基于大数据的模糊数据模型,可以可视化地观察学习者通过学习所取得的各个方面的进展,清晰地展现学习的绩效。例如,通过在线学习和课堂讨论,学习者在学习能力上获得了明显性的进步。这种结论对促进教师运用混合学习的方式组织学习活动具有极大的促进作用。

(2)寻找教学过程的"核心",促进教师观念更新。大数据的价值,不是在做结论,而是在预测。预测是大数据与生俱来的"职责"或者"能力",大数据的声名鹊起也是依托大数据的预测作用。大数据的作用,预示性地将

学习困境用显著性的标识展现出来，提供给教师设计、组织和实施混合学习，把脉学习过程，这种精准性的价值自然极其显著。按照现在对大数据的理解能力，还不足以实现这种层次的表述，但大数据的研究者正在探索通过各种有吸引力的技术去理解和挖掘数据，并支持教学，如情境感知技术。不管是现有的成就还是可以预见的未来，大数据在教学中扮演的戏份会影响教师的理念，接受混合学习并理解、创新混合学习的意识正在发挥作用。

（3）提供可视化的思路，促进教师观念更新。受大数据研究范式的影响越来越多的研究者聚焦于此，各种基于大数据的模式和处理办法通过科研成果和教学交流展现出来，也给教师提升教学绩效提供了可视化的思路，教师在降低自身对混合学习的焦虑的同时，也有了可以参考的现实案例和支撑理论，这对转变教师观念具有积极的意义。

### 2. 完善相关制度，促进教师专业能力的提升

意识的转变落实到实践中，还需要制度的建立。教师能力的提升，还需要建立相应的教师发展制度，落实教师继续教育，拓宽教师专业提升途径。在混合学习推动的过程中，会有积极的探索者通过学者的理论与研究成果，尝试性地进行实践，通过实践来提升混合学习的把握能力。但真正的大规模落实教师能力的提升，需要建立宏观、中观和微观制度。

首先，从宏观上来看，需要落实教师培训制度，做好顶层设计，使每位教师都有可能参加培训；其次，从中观上来看，需要从教学工作量、科研工作量等中层的制度设计中支持教师参与培训。因此，设计既能深入体现学校整体发展趋势，又能满足教师成长需求的制度体系，也是关系教师能力发展的关键；最后，微观层面的政策，主要是要提供一个较为宽松的管理制度，如允许一部分混合学习课堂实践的失败，允许一部分学习者不接受课堂的教学，允许微观课堂纪律显得较为混杂等，这种更有包容性的举措能有效地促进教师敢于研究与实践混合学习。需要注意的是，制度的建设是一个相互促进的过程，不管是提升教师专业能力还是其他，配套性的制度比单一制度更有系统性，也更有实际作用。

### 3. 引导自组织建设，提升教师知识共享水平

变革是一种与自身文化进行较量的过程。任何单一个体的举措都很难取得变革的胜利，因此，要发挥教师群体自组织效应，通过教师自组织机制，建立教师知识共享平台，提高教师知识共享的层次、概率和实效。知识分享

是一个交流沟通的过程，对于教师专业发展而言，具有反思与改进效用，但实现教师知识共享并不是一件容易的事，它受到诸多因素的影响。

通过自组织将教师个体的利益变为组织利益，对于突破人际壁垒、丰富教师思想具有较大的作用。教师自组织的引导需要掌握自组织的自觉自发的条件、成长的促进因素和发挥作用的平台。例如，自组织的成立需要一定的闲暇时间，这就需要从思想上和工作量上给教师松绑，让其思想较为独立，有时间思考相关问题；自组织的成长需要一定的促进因素，如基于问题的探索，需要有意识地通过组织活动、发起讨论等方式，引导团体性的教师通过教研室、教学系、科研团队对微观组织进行探索；自组织的成长还需要有一个发挥作用的平台。这就需要给专业教师团队更多的自主权，如专业教学计划的制订过程中对混合学习的比例规定等。

总而言之，自组织的建立和在混合学习中发挥教师能力成长平台的作用，除了鼓励教师自发产生之外，有效的指引也是必要的策略。混合学习作为一种学习方式，具有提升教学绩效、适应学习者发展、满足数字化社会对教育质量的要求等现实价值。混合学习的发展，必然会使传统的教师工作以及生活方式发生变化，也对教师提出了新的能力要求。自我觉醒和发挥制度的限制、激励和促进作用，是教师适应混合学习时代的有效手段。但是，混合学习不是简单的形态融合，而是系统性地巧妙构建，教师必须以个体作为一个单位，回应混合学习提出的教师能力需求，并积极去理解、适应和创新混合学习。当然，混合学习的未来并不是教育的障碍，而是教育发展的基石，如果能谨慎地、专业地实施，没有理由不相信它会促进教育更好时代的到来。

## 第四节　高校混合教学模式的革新方向

混合式学习的内涵包含了教学和学习两个范畴，任何类型的教育只要包含了面对面授课和线上学习，都可将其称之为混合式教学。而伴随着不同发展阶段的演绎，混合的程度不断深入，混合式教学会经历从形式上的结合再到结构化的融合转变。但混合式教学绝非信息技术的简单运用，改革的难点也绝不在技术层面上，其关键在于背后的教学设计理念。

混合式教学模式的实践具有重要的现实意义。一方面，"互联网+"作为赋能的手段，在教学领域的应用能够带来教学形式的多样化，但混合式教学模式的应用并不仅需要增加线上的教学平台，并且需要教师以及学生角色的调整、教学设计的优化、教学机制的健全等都要进行联动反应，从而保障教学质量的提升；另一方面，从混合式教学模式的实践中，可以窥见高校教育治理体系健全与否，以及地方各级教育部门、学校、教师、学生及企业和社会组织等社会力量在混合式教学模式的应用实践过程中，是否能够实现协同效应。

总而言之，互联网信息技术的发展不但丰富了现行的教学方式，而且扩大了教学资源的选择范围。如何利用互联网思维实现教学结构的变革，改革混合式教学的模式，对于塑造数字化时代"以学为中心"的教育生态体系而言，至关重要。接下来将从教学体系、教学方案、培训与支持、创新与个性化管理等维度切入，以优化未来高校混合式教学模式的实施路径。

## 一、构建混合式教学的体系

教师应该依托智慧教室和线上教学平台，系统建构"互联网+"混合式教学模式的治理体系。混合式教学模式的实施，不仅是教师和学生之间的双向互动，而且同时也离不开多方参与主体的有效支持，如政府、高校及行业企业、社会组织。如何完善政府和高校之间的关系，加强"放管服"改革在高等教育领域的延展，完善高等教育多主体参与的治理体系显得尤为重要。而在高校内部则涉及学校及教务部门，即各主体之间的互动会形成一个混合式教学网络，高校则要确保混合教学模式推进所需要的基础设施、师资、人员、技术等条件都具备，以便搭建多方主体合作、交流的对话平台，聚焦教师和学生的实际需求，借助文献数据库、资料数据库、讲座视频、考试类型的平台以及第三方平台等社会力量的优势，同时创新产学研协作的形式与手段，从而最大限度地提升教学质量。

## 二、完善混合式教学的方案

在线上教学方案层面，教师可以根据不同学科的课程特点选择适合的教学形式，例如直播或录制课程，并将其上传到特定的教学平台上建立线上课程资源。另外，教师也可以选择使用现有教学平台上已经成熟的慕课资源。不论采用哪种线上教学方案，辅导答疑和过程化考核都是非常重要的环节。同时，传统的面对面授课也具有其独特的优势，因为它可以使学生和教师之间的交流更加充分。

针对教学班学生是否返校的情况,混合式教学提供了不同的方案选择。第一种方案是,如果只有部分教学班学生返校,那么课前和课后仍然可以继续依托线上平台进行教学,而课中则按照教学计划实施线下授课,并同时开启直播,以便与线上学生进行互动交流;第二种方案是,如果所有教学班学生都已返校,那么课前和课后仍然可以继续在线上平台进行,而课中则在线上平台的辅助下进行传统的面对面授课。

总体而言,高校教学混合式教学模式将进入一个重要的发展阶段。在"以学为中心"的价值引领下,教师应该关注学生的学习需求,充分发挥线上教学和线下教学的优势,以更好地实现教育的公共价值。通过灵活运用不同的教学形式和平台,教师可以创造出丰富多样的教学环境,提供个性化的学习支持和互动交流。混合式教学模式的成功应用将为教育创造更多的可能性,并推动教育的进步和发展。

### 三、加强对教师的培训与支持

高校需要加强对教师的培训与支持,以适应混合教学模式的要求。混合教学模式不仅需要教师具备传统面对面授课的教学技能,还需要他们具备信息技术能力和在线教学设计能力。因此,高校应该积极提供相关培训课程,帮助教师熟悉并掌握教学平台和工具的使用。教师培训可以包括对各种在线教学平台的介绍和操作培训,包括如何上传教学资源、创建在线课程、进行在线互动等。高校还可以针对教师的信息技术能力进行培训,如如何使用多媒体教具、如何进行网络资源检索等。通过这些培训,教师可以更好地利用信息技术平台来支持教学活动,提供更多样化和灵活的教学方式。

除了技术培训外,高校还应该建立起教师在线教学设计和评估的指导机制,为教师提供及时的咨询和支持。教师在设计在线教学活动时,可能面临各种挑战,高校可以设立专门的教学设计指导团队或部门,为教师提供教学设计的咨询和指导。教师可以向指导团队咨询设计在线教学时遇到的问题,并获取相应的解决方案和建议。高校还可以通过举办教学研讨会、教学示范课等方式,让教师之间进行经验交流以及分享,促进教学方法的创新和提高。教师可以互相学习借鉴,分享自己在混合教学模式下的成功经验和教学案例,共同提升教学质量和创新能力。为了加强对教师的培训与支持,高校还可以建立师资培训的考核和激励机制。教师参与培训的积极性和学习成果可以作

重构高校教育教学形态：混合教学模式的探索与实践

为教师评优、职称晋升等的重要考核指标之一，从而激励教师积极参与培训活动，并提高其教学能力。

## 四、注重混合教学模式的创新与个性化管理

高校应该注重混合教学模式的创新和个性化管理，以更好地满足学生的学习需求。混合教学模式为学生提供了更多自主学习和合作学习的机会，高校应该充分利用这些机会，激发学生的学习兴趣和主动性。一方面，高校可以鼓励学生参与到教学过程中来，通过小组讨论、课堂演示、实验操作等方式，让学生积极参与到教学中，提高他们的学习参与度和合作能力。此外，高校还可以引入项目学习、问题解决学习等实践性的学习活动，让学生在实际问题中运用所学知识，培养他们的实践能力和创新思维；另一方面，高校可以探索引入个性化学习的概念，根据学生的兴趣、能力和学习风格，为他们提供定制化的学习内容和学习路径。通过分析学生的学习数据和行为，高校可以了解学生的学习需求和特点，从而提供个性化的学习资源以及学习指导。个性化学习可以根据学生的学习进度和理解程度进行调整，帮助学生更好地掌握知识和技能。

为了实现教学模式的创新和个性化，高校需要建立起灵活的课程设置和教学管理机制。高校可以提供丰富多样的选修课程和学科组合，让学生根据自己的兴趣和发展目标选择适合自己的学习内容。同时，高校还可以推行学分制度的灵活化，允许学生根据自己的学习进度和兴趣选择课程，提高学习的自主性和个性化。在教学模式的创新和个性化的实施过程中，高校需要加强对学生的学习效果的评估和反馈，以便及时调整教学策略和提供个性化的学习支持。在混合教学模式中，学生学习的活动和过程可以更好地被记录和跟踪，高校可以利用数据分析和学习分析的方法，对学生的学习效果进行评估和分析，还可以通过学习数据和学生反馈的分析，了解学生的学习情况和困难，及时调整教学策略和资源，提供针对性的学习支持和指导。教师可以根据学生的学习表现和评估结果，为学生提供个性化的学习反馈和建议，帮助他们更好地掌握知识和发展能力。

# 第二章　高校教育的混合式教学核心体系

以互联网平台为抓手，构建高校混合式教学体系，能够帮助学生更充分地了解和应用知识，提高学生表达的质量。因此，对高校教育中的混合式教学核心体系探索十分必要。基于此，本章主要探讨高校混合式教学的特征及要求、高校混合式教学服务体系构建、高校混合式教学智慧教室建设。

## 第一节　高校混合式教学的特征及要求

### 一、混合式教学的相关特征

"新时代教育事业快速稳定发展，高校不断更新和完善教学模式，经过长时间探索，混合式教学应运而生。"[1]混合式教学包括任课教师安排给学生的自主在线学习（或多媒体学习）与课堂互动两个模块。在线学习模块的内容常以教师讲课短视频、作业练习、互动交流、测验考试、通告邮件等方式向学生提供学习资料，结合学生的学习特点，使学习过程实现随时化、随地化，方便学生的学习时间安排，满足个性化学习的需要，但是其片段化的学习，不利于学生将知识有机地整合，并加以应用和评价。课堂互动结合即兴学习的特点，有利于将学习体验和个人经验进行整合，通过课堂探究和讨论，增强学生思维的主动性，实现学习过程的内化。

对于实践性较强的课程而言，教师还可以开展基于项目的学习：教师根

---

[1] 刘巧梅，郑媛媛. 高校混合式教学模式改革的推进[J]. 文教资料，2020（36）：195.

据学习目标,确定学生的学习项目,包括实验设计、课件制作、程序设计、数值模拟等。学生根据学习项目制定出相关计划书,教师和学生通过讨论确定计划书的可行性。在实验课堂上,各学习小组按照计划完成相关实验,教师帮助学生及时解决实验中可能出现的问题。完成实验后,小组按照研究结果写出研究报告,并在课堂上宣读。对于基于项目的学习而言,学生不仅需要运用和实践所学的知识,可能还需要将其他领域的知识,整合到探究过程中,提高对知识的掌握程度。

然而,课堂讨论的时间有限,学生完全采用探究性学习的模式,其学习内容必会减少,会影响学习的成效。不同的混合模式可以将在线学习过程和课堂讨论环节有机地整合起来,教师可以采取课堂教学为主,在线学习作为补充的非翻转学习模式;或者以学生在线学习为主,课堂讨论作为补充的翻转模式,将两者的优势结合在一起,提高学生的学习效果。实施翻转课堂,教师可以采取在课堂讲重点、难点后再进行课堂讨论的部分翻转模式,或者课堂全部用于讨论的完全翻转模式。

采用翻转课堂模式,可以带来的益处包括:①实现授课、批改作业与辅导任务的分离,释放教师知识教学的劳动力,让教师的教学时间真正花费在个性化的交互中。②思辨和身教的补足。翻转课堂可以给这个问题带来转机。课堂时间聚焦到探究式的个性教学中,包括答疑解惑、深入讨论、实际操作演示甚至手把手地指导实验等。只有真正实现个性化的教育,才能培养出独立思考、实践动手能力的教育,让学生接收了知识之后能有所创造。③课堂职能的转变逼迫教师必须更深入地理解课程内容,进而提升教学水平。这个过程,对教师的教学和业务能力提出了更高要求。

## 二、混合式教学的具体要求

"目前我国高校的教学模式来看,混合式教学还是不够完善,存在一些需要改进的地方。"[①] 信息技术与课程教学深度融合并非单纯的技术与课程的关系,而是一个需要以培养怎样的人才为目标的系统工程,至少需要从教学设计、教学实施和学业评价三个方面做整体规划和系统设计,需要探索技术与课程深度融合的方式方法,重点做好教学设计。教学具有目的性,因为教师总是为了某一目的而教,从根本看是为了帮助学生学习为了达成"帮助学

---

① 郭耀红. 高校混合式教学现状与问题研究[J]. 山西青年, 2021 (24): 231.

生学习"的目标,做好混合式教学的教学设计就显得尤为重要。教学设计是指针对特定教学目标与教学对象,对教学资源与过程的计划与安排,也称为教学系统设计,教学系统开发,教学开发。教学设计是一门涉及理解与改进教学过程的学科,任何设计活动的宗旨都是提出达到预期目的的最优途径。

### (一)教学类别的定位要求

混合式模式主要是针对在校学生的,因而其课程教学的运作方式完全取决于任课教师的教学理念和对课程教学目标的定位。根据学生不同的认知活动,可将学生的学习分为三大类,即知识学习(包括事实、概念和原理的学习)、技能学习和情感认同。以高校物理课程为例,物理学科的知识内容可以分解为三个方面。物理知识包括现象与事实、概念(名称、术语、物理量、重要常量)、原理(定律、定理、定则、公式)等;物理技能主要指实验、观察、技能,包括仪器的使用与安装、辨认实验对象、准确测量、数据处理等;情感认同主要体现在通过学习认同和习得社会价值观。对应于教学,其教学定位至少有三种可能的选择方式。

#### 1. 以知识传授为主的定位

知识传授型教学模式按课程自身的知识框架方式划分章节,每一章节内容配套作业、测试题,以此不断对学生进行知识的强化,使其形成知识的内化。而对实践能力的培养,只能通过设置一些思考、讨论题目和课外附加实验等方式来实现。传统的课堂教学模式,都采用了这种教学方式。在线课程教学模式,则随不同的教学平台而稍有差异。

目前,所见到的绝大多数教学平台都采用这种知识传授型的模式,平台上的教学大纲、教学视频、作业、练习、测试题目的多少完全由任课教师根据授课对象的实际情况(原有的知识背景、现阶段可以投入的时间、需要达到的培养目标等)来设置;还可以提供扩展性教学资源,如电子书籍、教学案例、常见问题集、往届学生作品集等。丰富的数字化教学资源不仅让教师开展信息技术与课程教学深度融合有了可靠的资源保障,而且随着教学资源的日积月累和不断更新,教师本人对课程知识的掌握会更加全面和深刻,学生可选择的学习内容更加广泛和深入,课程教学向更有深度的学习转变。

网络平台上的测试题定位于前测题,即在课堂讨论之前学生需要完成的测试。前测题有两种处理的方式:一种是在学生的视频学习过程中弹出测试题,目的是强迫学生在此时停下来,思考前面的内容是否听懂和理解了,如果对相应问题回答不正确，可以要求学生回去再学习一下，直至回答正确，当然，也可以设置为无论回答正确与否，休息一下就继续往下学习；另一种是在章、节学习结束以后做作业和测试，还可以要求学生对同伴的作业进行批阅评判。教师针对前测题中暴露出的问题组织课堂讨论。之后，学生还可以再次去做该章的测试练习（多数学习平台都将同章节内容的测试次数默认为三次，取最高分为保留成绩）。当然，设置的前测题一定是课程教学中的重点和难点。

### 2. 以能力培养为主的定位

在现代社会中，人才应该具有的18个要素，其中最为重要的是"4C核心能力"①，即批判性思维与问题解决能力，创新与自主学习能力，沟通能力与合作精神，跨文化理解与全球意识。

以高校物理混合式教学为例，教师需要清楚高校物理课程在培养学生的科学素养、能力中的具体体现，即物理课程知识与相关能力的关联。在实际操作中，需要从能力培养的角度构建知识传授的框架结构以及途径，形成以问题为导向的教学——重新组织教学。在新的教学模式中，交互方式发生变化，实践环节得到加强，学生需要投入更多的时间和精力，某些问题需要自己去设计实验来回答清楚。在线学习中，学生必须具有很强的学习动机和自主学习能力，其信息技术素养和技能，可以纳入创新与自主学习能力培养标准。教师要结合"以能力培养为主"和"知识传授型"的教学优势，将在线教学、课堂教学、实践环节的优势有机地整合在一起，结合线上学习的反馈信息，以循序渐进的方式开展协作学习，实现对学生交流沟通能力、批判性思维能力、创新与自主学习能力等的培养，为学生将来的职业发展奠定坚实的基础。

### 3. 以素养提高为主的定位

教育要学生带走的不仅是书本里的东西，还有超越书本知识的人的素养。教育和教学不可分割，教师要在学科教学中培养学生的核心素养。学生的核心素养是适应个人终身发展和社会发展的必备品德和关键能力。核心素养包括文化层面的人文底蕴、科学精神，自主发展层面的学会学习、健康生活以及参与社会层面的社会担当与实践创新，共六个方面。这些内容与4C的核心

---

① 4C核心素养即Critical thinking——批判性思维、Creativity and innovation——创造与创新、Communication skills——沟通能力、Collaboration——团队协作。

素养既存在交集，也有不同。中国学生发展核心素养将学生的个人发展与社会主义核心价值观进行对接，从"立德树人"的高度阐释社会与国家对学生发展的重视。

发展学生的核心素养需从课程建设和教学模式两个方面去落实。从课程建设角度来看，满足不同学生的差异化需求，使学习者利用已有的知识水平和认知能力，接收新信息，学习新知识，用新的知识构建自己的知识体系、能力体系、道德体系，满足所有学生自我建构的需要。落实到具体学科，可以在教学设计上增加科学前沿进展以及中国科学家在科技前沿的相关工作，提高学生的民族自豪感和社会服务意识。从教学模式的角度，在混合式教学中，教师需要重视营造积极向上的学习环境，鼓励学生通过自主学习、协作学习开展科学探究活动，培养学生知难而上、刻苦钻研、百折不挠的职业素养。

结合不同类型的教学优势，实施层次化教学，满足学生差异化需求；实施整体化教学，实现知识的横向联系；实施主题化教学，实现知识的纵向联系；实施问题化教学，实现知识的横纵联系；实施情境化教学，实现由学习走向生活。将在线教学、课堂教学、线下实践三个环节的优势有机地整合在一起，结合线上学习的反馈信息，以循序渐进的方式开展小组讨论，实现对学生口头表达能力、批判性思维能力等方面的培养，构建"在线学习+课堂讨论+线下实践"的"互联网+"教学模式。

### （二）教学活动的因素要求

在混合式教学设计中，先要对授课内容按时间节点划分学习单元；根据线上线下不同模块的教学特征，又可将每个学习单元划分为线上、课堂和实践三个环节，每一个环节，都需要关注教学的基本必要因素。

在线教学环节，学生需要根据自身的情况确定各自的学习路径，学习路径的确定体现了学生在线学习个性化的情况。线上教学资源包括视频部分的教学目标、教学内容以及相关的小测试、单元作业等，其内容相对机动，可以包括预备知识的介绍、重点内容讲解和习题选讲。教学视频是支持在线学习最重要的资源之一，合理运用教学视频能够有效吸引学习者的注意力，增强学习动机，提高学习成绩，增强学习满意度。

现有的在线开放课程中的交互形式归为三类：①人—人交互；②学习者—内容交互；③学习者—界面交互。在线学习环节设计中，至少应包含学习者与内容交互的内容，具体可以通过设置进阶题目、问答题等实现学习者与学习内容的交互。这样安排有利于不同层次的学习者通过线上学习获取课程知识，不能通过自主学习解决的问题或疑惑，可以提交到学习平台上的互动空间，与同伴或教师交流讨论，获得必要的帮助。任课教师在教学设计时，可以先建立讲授内容的知识图谱。与此同时，还可以通过记录学生的学习轨迹，了解学生学习困难的症结所在。从教学的效果上看，采取混合式教学后，相关学习内容的得分率可以提高很多。

## 第二节　高校混合式教学服务体系构建

随着信息和教育技术的飞速发展，混合式教学越来越多地出现在高校的各类教学中，并显示出巨大的发展潜力和前景。随着中国高校数字化校园建设的不断发展，混合式教学也逐渐成为国内高校教学改革的重要内容。混合式教学就是把传统学习方式的优势和数字化学习或网络化学习的优势结合起来，也就是既要发挥教师引导、启发、监控教学过程的主导作用，又要充分体现学生作为学习过程的主体的主动性、积极性和创造性。高校混合式教学的顺利、有效的开展，需要构建多层次、多维度的高校混合式教学服务体系，良好的学习环境是十分重要的。高校混合式教学服务体系构建方法如下：

### 一、服务体系构建要充分发挥学校基础性作用

#### （一）制定混合式教学制度文件

学校可以通过制定《混合式课程建设实施方案》，明确混合式教学模式改革的目标、建设要求、建设任务和措施，以此指导全校混合式教学各项工作的开展，规范相关混合教学管理文件的制定。采用混合式教学课程建设专项方式，以年度教研重点课题立项支持混合式教学课程建设，制定专项管理过程性文件。例如，学校应《混合式课程验收标准》等规范管理，保障课程建设的质量；制定有关混合式教学相关教学文件模板，对课程教学大纲、课程排课、学生考核要求实施特殊性管理，给予教师更多的课程实施自主权和空间；制定有关学生混合式学习的激励保障制度，鼓励优秀学生更多地参与混合式学习朋辈互助。

## （二）提供基础设施资源保障学习环境

在线上线下混合式学习中，SPOC学习平台的选用和功能设计、教室、宿舍、图书馆等场所的网络保障等尤为重要。学校应针对前期调研中，学生反馈的问题，及时向平台供应商反馈意见、优化平台功能，进行平台升级。针对学生反馈的宿舍、教室网速等技术问题，与相关网络运营商合作，着眼于5G布局基础上的建设智慧校园，使学生尽早享受到信息技术的最新发展成果。

## （三）组织培训保障混合教学的师资水平

教师是混合教学过程的组织者、引导者以及学生自主建构意义的帮助者和促进者，学生学习主体地位的实现依赖于教师主导作用的发挥，教师的混合教学能力对于学生混合式学习力的提高起着至关重要的作用。学校应该高度重视教师混合式教学设计和实施能力提升点培训工作，以基于产出的教育模式（OBE）理念为指导，以成功获得混合式教学课程认定为目标，就理念认同、平台选择与使用、课程建设流程、课程教学设计、教学工具运用等内容，组织开展培训。培训亦采用混合式学习方式进行，使教师以学生身份体验混合式学习全过程，实现从角色认同到角色转化。

## 二、服务体系构建要充分发挥教师的主导作用

教师的支持对混合学习力的作用十分重要，其中意志力、应用力的影响程度最大，因此教师应加强教学支持和评价支持，遵循"教师主导、学生主体"的理念，充分发挥引导、启发、监控教学过程的作用，激发学生的学习兴趣、引导学生完成学习过程、科学评价学生学习效果。

在线上学习环节，对学生最有帮助的分别是在线观看视频、在线辅助资料学习、在线习题训练及习题讲解、在线教师答疑、在线讨论区同学讨论；最有帮助的线下学习环节是线下深入讲授、线下课堂小组讨论、线下课堂答疑等。因此，学生更希望教师在混合式学习考核中，重点关注线下课堂学习表现，同时兼顾在线学习时长、在线测试成绩、在线讨论参与发帖次数。为此，教师在混合式学习支持服务中应重点做好以下工作内容：

## （一）开展充分的学情调研

学情调研是混合式教学课程建设和实施的重要条件。教师在开课前设计合理的调查问卷，通过班级微信群，或是SPOC发放问卷开展调研；访谈授

课班级辅导员、班级学习委员和课代表、以前授课专业教师等，以此调查分析学生混合式学习经验、专业知识储备、学习动机与学习态度、学习意志力、信息技术水平等基本信息，从而确定课程设计的知识逻辑起点和现实起点，开展针对性、差异化教学和支持服务。

### （二）优化课程相关教学设计

课程教学设计是教师混合式教学思想和理念的体现，包括课程整体教学设计和单元教学设计两个方面。教师在进行混合式教学设计时，应以学情分析为基础，以课程教学大纲为指导，结合课程实际授课特点和要求，开展线上线下融合设计。教师要贯彻"学生主体、成果导向、持续改进"教学理念，综合考虑学校 SPOC 平台功能，合理选择课程线上线下教学活动，实现线上线下有机结合。

### （三）加强过程指导以及监控

在混合式教学课程中，经常因学生的自主学习不足，导致教学效果较差。鉴于教师与学生混合式学习意志力相关程度最强，教师应科学合理地设计考核内容和考核方式，利用线上信息化优势，加强过程监控，每周总结学生过程性学习情况，进行针对性表扬和提醒，定期公布过程性考核结果，引导学生完成各教学过程。此外，教师要畅通沟通渠道，做好答疑咨询，通过 SPOC 平台、讨论区、微信等方式，随时解答学生问题。

## 第三节　高校混合式教学智慧教室建设

### 一、高校混合式教学智慧教室建设的意义

"在信息技术快速发展的过程中，不断改革高校混合式教学模式是非常必要的"[①]，智慧教室旨在通过智慧化手段来打造一个功能齐全、相对舒适、科技化程度高的教室空间，以此来为学生提供个性化的学习的氛围。在智慧

---

① 王丽娟. 高校混合式教学模式改革推进策略探析[J]. 现代职业教育, 2019（34）: 68.

教室中，教师不但能够通过多媒体、微课等技术来与学生展开多维互动，而且还能结合智慧手段之便，与学生展开个性化的课前与课后互动。因此，智慧教室有着极强的互动性特点，能够彰显学生的教学主体地位。

在智慧教室的支持下，教师能够便捷地获取一些与教学实践相关的资源，这也使得教学过程的丰富性得到了有力提高。在智慧教室的推动下，教师能够更加便捷地掌握学生学情信息，在此基础上对学生的学习问题、自身教学策略等进行针对性革新，从而让教学实效得到进一步提升。智慧教室有着多种辅助条件，同时，这也使得教师能够更好地推进教学互动、教学评价等教育环节，以此来保证教学有效性。

混合式教学作为一种以"学生为本""成果导向""持续改进"等理念为支撑的教学模式，是当前高等教育的重要转型支撑。它的核心特点就是线上与线下教学部分的融合，以此来保证"以学为主"课堂的构建，让学生的学习热情和成效得到有力提升。

总而言之，智慧教室的建设能够实现现实课堂与信息化课堂的有效融合，让教师可以更好地执行教学管理工作、展现教学内容以及和学生展开多维度的混合交互。因此，智慧教室能够与混合式教学形成有效契合。这种契合不但体现在信息化条件方面，而且也体现在智慧教学流程方面，换言之，智慧教室的构建是未来混合式教学发展的必然需求。

## 二、高校混合式教学智慧教室建设的策略

### （一）优化教室设备

混合式教学需要有着良好的教室设备为支撑，对此在建设智慧教室时，高校务必要做好教室设备的优化工作，以此来帮助教师实现智慧管控。首先，需要保证教室拥有良好的电力控制、灯光照明、音频扩音、温度控制等系统；其次，要确保教室桌椅的可移动性；最后，智慧教室有必要装配一个故障检测系统。

### （二）引入视听软件

首先，在视觉软件方面智慧教室应当引入无线投影、多屏显示等多种视频软件。与此同时，在混合式教学下，师与生之间是需要良好的线上线下互动的，所以，在引入多种视听软件的基础之上，智慧教室还应有着多样的互

动软件，如实时点评、任务发布软件等。

其次，在听觉软件方面，智慧教室应当结合混合式教学需求，做好声控软件的引入工作。

### （三）充实教学资源

教师可结合教学内容，积极搜罗一些与之相关的网络视听资源，然后借此契机，在智慧教室搭建一个资源库。与此同时，在搜集外界数字教学资源的同时，教师也要做好数字资源的制作工作。具体而言，教师一方面可在现实课堂授课过程中，通过多媒体等技术设备进行授课过程录制；另一方面可在把握教学目标、教学内容以及教学重难点的基础上，运用网络软件来制作相关的微课、金课。

总而言之，为进一步推进高校混合式教学的改革与发展进程，广大高校与教师有必要立足混合式教学与智慧教室的内涵特点，在正视智慧教室之于混合式教学改革促进意义的同时，不断运用新的思路和方法来打造科学、先进的智慧教室，以此来为混合式教学提供智慧之力，将高校教育质量提升到一个全新的高度。

# 第三章　高校教育中混合教学模式的形态构建

随着互联网技术的发展，基于互联网技术的新形态应运而生，探究新形态在混合式教学下的教学效果，创新结合教学实际的模式资源，对教学十分有利。基于此，本章主要探讨基于慕课的高校混合教学模式构建、基于翻转课堂的混合教学模式构建、基于SPOC的高校混合教学模式构建。

## 第一节　基于慕课的高校混合教学模式构建

### 一、基于慕课的高校混合教学系统设计

"混合教学是一种整合传统课堂教育与现代网络化教育的线上与线下相结合的教学模式。"[①] 混合式教学模式的实施和优化对策，真正服务线上线下教学，这对慕课背景下的教育改革具有较好的促进作用。

#### （一）慕课的本质内涵

慕课，即"Massive Open Online Courses"，简称"MOOC"，是一种大规模开放式在线课程。为了方便了解学生的学习情况，教师可以将主电脑与学生的电脑连接，在线获取学生的学习方式、学习效率，获得相关教学反馈。慕课是一种全新的在线教学方式，融合社交服务、在线学习、大数据分析和移动互联网等要素，用户可以免费获得大量在线教育服务和生动的学习体验。

---

[①] 徐靖喻.普通高校混合教学模式构建研究[J].教育评论，2022（6）：140.

## 重构高校教育教学形态：混合教学模式的探索与实践

MOOC教学模式强调建构主义理论。在建构主义的认知中，学生应树立学习的主体地位，成为知识的主动建构者，摆脱旧有接受知识的地位。客观世界虽然是客观存在，但每个人的认知方式和视角不同，他们眼中的客观世界自然就不尽相同，对客观世界的理解也有较大差异。因此，学生应从自身出发，摆脱单纯的接受，主动建构。教师也应明确自身地位，将学习的主导权还给学生，努力做好组织者和引导者，帮助学生提高自主学习能力，顺利完成学习任务。MOOC教学模式注重知识的创新，倡导让每个学生都成为知识的生产者，从而培养出能够恰当处理数字信息，并且形成自己独有，知识网络的人才。

### 1. 慕课的特征

随着慕课的不断成熟且对社会影响越来越深，其特征也表现得日益明显。

（1）大规模特征。大规模是指学生的数量没有限制。学习慕课的人数可以很轻易达到上千人。随着慕课普及率的增长，参与慕课的学生数量也不断增加。由此可见，慕课是一种大型课程。

（2）开放性特征。开放性是指慕课参与者可能来自全球各地，并且拥有开放的信息来源、评价过程、学习环境。例如，美国慕课以兴趣为基础，人们只要对某个课程感兴趣就可以参与其中，只需要注册一个账号，不论学生国籍，都可以参加。因此，人们认为只有开放性的课程才能被称为慕课，而且这些课程必须是大规模的或者大型的，才能被称为是典型的慕课。因为慕课，世界各地的学生和授课者通过同一个课程、同一个主题而联系起来，共同学习和交流。

（3）以一定的主题为基础的特征。MOOC课程模式的组织者围绕既定主题，以开放的非结构化形式为参与者提供相关资源，这些资源均以主题为核心展开，主题成为知识连接的节点与创作的起点。分享自己的已有知识，获取他人的相关资源，互相连通，从而达到充实自身已有知识和构建新知识的目的，最终完善自身的知识网络。

（4）动态性特征。由于MOOC课程开放、动态的特点，使得参与者能够突破时间和空间的限制而开展交流，知识的分享既可以在具体环境中实现，也可以在推特、论坛等虚拟社交媒体中实现。因此，在MOOC课程中，师生关系是平等的，组织者与学生都是课程的参与者，大家以平等的身份讨论与分享感兴趣的主题，通过碰撞形成新的知识，不断延伸自己的知识网络。在对参与者参加的测评中,组织者的做法也不同于传统意义上的考试打分,他们通过参与者参与课程讨论的积极性,肯定表现突出的参与者。

### 2. 慕课教学的优势

(1)慕课带来广泛的、优质的、模态化的教育资源。慕课突破了常规教育的人数、时间和地域限制,学生不必严格根据课程时间安排到特定的实地课堂中接受教师传授知识。慕课既支持学生随时随地随身学习,又支持大批量学生同时段学习,从一定程度上,有效激发了学生的学习热情和兴趣,学生能够更加积极主动地投入学习中。慕课课程的学习内容全凭学生爱好与需求来进行自主选择,参与者可以在特定时间段内,完成学习过程、提交随堂作业、参与知识考核,而且一切的教学资源都是透明公开的,整个学习考核过程公平、公正。

慕课课程内容强调知识信息的综合性、实用性和普遍适用性,从各个领域的先进理论、实用性知识到各种生活健康常识等应有尽有。慕课可以有效实现各个学校之间的资源互通和互补,促进顶级学校资源向普通学校的共享流动,更有利于人才综合素养的提高和高等教育的整体性发展。例如,普通学校可以通过注册北大慕课平台,获取其优秀的教学资源。慕课课程的大力开发,将改进现有教学观念和教学模式,促进应用型学校的教学水平。

慕课课程的内容通常以视频形式体现,是由相关专业的教师团队经过反复斟酌、精心研究,最终确立而成。大多数的视频主讲教师都是知名学校的顶尖教师,雄厚的师资力量使课程内容设置更加合理,讲解质量更好,学生接受度更高。慕课的课程设计有效利用了模块形式,体现出各个课程的特色。把完整的知识体系按照内容,分解成一批相对独立的小模块,让内容条理更加分明,而且重点突出,一目了然。教师借助10分钟的视频,将知识具体表现出来,可以有效集中学生的学习注意力,帮助学生更好地理解和记忆。

(2)以学生为中心的教育理念,主要体现在以下两个方面:

第一,兼顾不同学习能力。传统课堂教学着重强调教师的"教",教师按照统一的课程内容和进度要求一对多地进行知识的讲授和传输,这样的教学模式难以顾及每个学生的能力和需求。慕课中学生可以自主选择与自身能力相符合的课程知识,自己安排学习计划和进程,还可以重复回放视频课程,反复学习知识难点和重点,进而提升学习效果。

第二,满足不同学习方式。慕课的学生可以利用特定的论坛、网站等平台,与教师和其他学生进行实时交流和互动，互帮互助，一起解决学习过程中遇到的困难和问题；利用课程视频中的测试题、线上测试题、线下作业等方式检测学习效果，强化知识的理解和记忆；利用教材注释、虚拟实验室等辅助工具，随堂记录课程内容和学习心得，对需要做实验的课程进行在线模拟；利用教师和其他学生对自己的评价综合考量学习结果，及时发现不足，有针对性地修改，从而不断提高学习效果。

### 3. 慕课教学的适用性

慕课的出现，有利于转变我国当下高等教育人才培养模式，所以在实践应用中要严格遵循适用性原则，充分结合不同学校的实际情况和不同学科的专业特点，有针对性地量身制定教学模式与应用方式。

（1）不同类型学校采取不同的慕课策略。普通学校主要是学习和吸收慕课平台上的优秀资源，并将这些教学资源有效应用到自身教学工作中，提升整体教学质量，继而利用应用型学校的学科优势，创新和开发部分专业实用性课程参与到慕课平台中。

（2）慕课模式对不同学科课程的适用性不同。目前，慕课的某些设计还无法满足学校所有学科，部分学科要求学生具有复杂的知识结构体系和特殊的思维能力，难适用慕课模式。当前，慕课对学校学科课程的适用性主要包括以下三方面：

第一，理论课程。慕课网络课程有利于先进理论教学资源的共享和交流，从而有助于扬长补短，更好地优化理论课程设计，提升教学质量。但难以适用实践课程，因为实践课程对现场实验和调研等实地操作方面的要求较多，在实践中才能够更好地提升学生的专业技能。慕课虽然有在线模拟实验室功能，但学生无法真实地感受，教学效果往往会受较大影响。

第二，程式化的学科课程。慕课模式比较适合结构化知识的传授，但要实现相对高层次、高难度的数理推理和逻辑思维能力培养等课程的效果较为困难。

第三，外语类和双语教学课程。因为当前慕课平台的授课用语基本上都是英语，中文只出现在极少部分课程的字幕中，有利于学生在获取专业知识的同时，接触和学习纯正的英语。但是，这种语言运用方式也在一定程度上限制了慕课其他课程在我国更广泛地推广和普及。

从慕课在各国的实践应用结果来看，其对高等教育的教学模式和人才培养机制的改革确实有积极的促进作用，但也不可过于夸大。各个学校要以慕课为契机，着力推广线上+线下的混合式教学模式，促使学校和教师改变传统的教学观念，正确认识在线教育的优势和意义，从而更深刻地领会高等教育的发展方向。应用型学校要从理论、技术、创新应用和可持续发展等方面着手，全面、系统、深入地推进混合教学改革；充分借鉴慕课经验，构建更加开放的教育体系，深刻理解和贯彻自身职能；加强国际合作与交流，实施国际化协作办学策略，在互联网生态圈内不断深化高等教育改革，培养能力更强、综合素质更高的应用型人才。

### 4. 慕课对教师课堂教学的影响

（1）慕课对教师组织技能的影响。教师的课堂组织能力是教师必备的教学技能。没有科学有序的课堂管理秩序，就没有良好的课堂效果，学生学习的主动性的积极性和最后的学习成绩也都无法得到保障。课堂组织能力需要充分发挥课堂优势，引导学生学会主动学习，从而达到提升课堂教学的目标，完成教学任务的课堂基本形式。课堂的组织能力是体现教师综合素质的关键能力，需要教师不断学习新的教学理念，从日常教学经验中汲取能量。通常而言，教师的课堂组织能力越突出，班级管理就会越好，有利于实现班级管理目标，教学成绩的提高在此基础上就是水到渠成。课堂组织管理，需要教师在与学生的相处中发现和研究，最后和学生融为真正的集体。如果教师没有真正地深入学生内心，没有下功夫研究班级管理，没有深入了解课堂的组织方法和形式，就会影响教学成绩的提高，最终导致教学任务拖延。因此，教师的课堂组织能力，是新课程实施过程中需要不断深入发掘的重要理念。

（2）传统教学模式对教师能力的影响。在长期的发展实践中，慕课已经远远超出了最初的学习资源共享的范围，转而向综合服务范围，包含课堂交流、课后练习、课下讨论甚至是毕业证颁发等。"开放"这一核心特质，在慕课模式中体现得淋漓尽致。毫无疑问，慕课的火热，证明了"开放"的价值。同时，由于这种开放，原有的相对固化的课堂模式被彻底改变，任何年龄段、教育背景的人都可以不受局限地选择自己喜欢的课程，这种模式是对现有教育模式的一种颠覆。

传统教学形式的教师组织技能的要求包括：①通过教学组织技能的运用，使学生明确学习目的，热爱科学知识，形成良好的行为习惯；②要达到课堂组织的目的，教师必须了解学生、掌握学生基本情况；③重视集体风气的形成；

④做到灵活多变、因势利导，综合运用多种教育形式；⑤教师要随时意识到自己对社会和学生所承担的责任。

第一，传统教学形式的教师课堂组织能力要达到的目标是管理好课堂秩序。在课堂教学中，秩序井然是有效教学的基础。要达到管理好课堂秩序的目标，应做到建立健全激励与批评机制。激励措施是尊重学生的基本要求，批评措施是对学生的负责。在日常教学中，教师应充分肯定学生的努力，做到关怀每一个学生，但是不能放任他们的错误，在他们犯错时必须坚持批评机制，如此才可增强学生心理素质。

第二，传统教学形式的教师课堂组织要激励有度，批评适当。奖励方式很重要，简单而言，奖励需要有度，学生在接受奖励时会充满荣誉感；反之，学生不看重奖励，奖励也就没有任何作用。因此，教师的课堂奖励应是独一无二的，因为每个学生都是特别的，教师要做到因人而异，如一句简单的话语可能会带来出其不意的效果。此外，批评适当，要从学生心理分析学生，做到批评适当，不能起到反作用。

第三，传统教学形式的教师课堂组织要课堂的有序组织，学生的注意力是关键。在课堂中，学生的注意力是有限的，在有限的时间内，教师要确保内容的新颖，保持学生的注意力，减少外部干扰，为此需要教师不断更新课堂教学方式，及时把握学生状态。有时外部干扰不可避免，需要教师能够在课堂中灵活应对。总而言之，教师的课堂组织要采用多种办法吸引学生的注意力，保持高效的课堂效率。为了提高课堂效率，教师经常会采用一些手段来吸引学生注意力，这些手段可以称为教育机智。

第四，传统教学形式的教师课堂组织能力的根本衡量标准是学生的注意力的集中程度。因此，组织工作的要点就在于去除一切不利于学生注意力集中的事项。但是，需要注意的是，切忌事无巨细、面面俱到。因为教师个人精力是有限的，且必须将主要精力放在课堂授课之上，毫无重点的组织行为只会让整个课堂索然无味。平衡教学方法的使用，可以灵活控制教学节奏。有经验的教师备课必先备学生，即先熟悉学生，根据学生的认知水平选择适当的教学方法，切忌教学方法一成不变，而是应该根据学生实际设定不同的教法，把课堂变成学生思维活跃的天堂，学生的兴趣必然会提高，也会期待下一堂课。每一个教师都是语言大师。语言节奏对课堂组织能力的实现很有必要，教师在课堂中需要在语言上下足功夫，教师在讲课时不需要声量太大，但是，必须做到高低起伏，学生的思维会根据教师的语言展开，使学习的积

第三章　高校教育中混合教学模式的形态构建

极性和课堂的有效性得以增加。

第五，传统教学形式的教师课堂组织能力归根到底是引导学生主动进入课堂。因为学生的兴趣很容易转移，会导致实现课堂教学目标的难度增大，因此，需要教师的引导，时刻保持学生的兴趣热情，及时返回课堂，把不确定性变为确定，把学生学习的兴趣和爱好，作为每堂课重要的学习任务。教师在课堂中，可以通过措施联系生活实际，激发学生的学习热情。

第六，尊重学生个性，营造有利于学生个性发挥的课堂环境，进而调动学生的学习积极性。诚然，树立教师权威是保证课堂平稳运行的重要砝码，但是，过于轻视学生个性只会导致学生自信心的下降，表现在学习上就是对学习内容创新能力与理解能力的降低，因为他们往往在等待教师公布"标准答案"，而不敢有一丝个人见解。

总而言之，如果想充分调动学生的学习积极性，不但要充分发挥教师的主观能动性，还要尊重学生的个性与创造力，更要营造一个主次分明、重点突出的授课环境。最后，需要强调的是，教师始终是在课堂上起到重要作用的角色，所以教师先要对自我有一个清晰而完整模式认识，在此基础之上，才可以谈论教学风格、教学内容。而一个自我认知不明的教师，很容易被"模范课堂"影响。此外，教师面对的群体是学生，这一群体还尚处于审美、性格的成长阶段，因此，教师在衣着打扮、言谈举止方面也特别需要注意。

（3）慕课教学形式下教师课堂教学技能的转变。课堂是由教师、学生、学习内容及课堂教学环境构成的一种总体关联系统。作为全新的教学形式，慕课引入课堂教学，颠覆了传统的课堂教学形式，课下预先进行的在线微课程取代原来课上的知识传授，而原来课后学生独立进行的知识理解和吸收过程，成为课堂教学的主体内容；教师利用各种方式引导和协助学生自主参与，注重培养学生的认知技能和自主学习能力，将课堂教学进行了颠覆性翻转，对传统教学系统下各要素进行了动态组合，从而构建更为良好的课堂教学生态。

第一，重构教学的理念。

一是从"以教为主"转为"以学为主"。传统教学模式的课堂活动以教师为主体，由教师决定教学内容、进度、方式等，学生被动服从和接受，课堂教学的过程是教师的知识传授和学生的认知过程，重点在教师的"教"。在慕课基础上创建的翻转课堂教学模式，将传统课堂教学内容放到课下借助慕课视频完成，而将知识的理解和内化过程作为新的课堂教学内容，以学生为中心开展自主学习，教师从旁指导和协助，重点强调学生的"学"。

教师通过组织小组讨论、答疑等方式，充分调动学生自主能动性，切身参与学生学习中进行倾听、引导和协助，给予学生充分的课堂自主权，让学生在偶然性的文化启蒙和持续性的精神启蒙中切身体验和实践，以课堂活动主体的身份自主建构知识，完成特定任务和活动。教师作为课堂的客体，站在和学生完全平等的地位给予指导、咨询、协调和精神关怀，帮助学生顺利、有效地开展自主学习。教学的过程更像是师生之间深入交流互动、共同发展进步的过程，课堂活动以学为主，回归教学本质和初衷，培养学生综合能力和素质。

二是从预设过程转为生成过程。传统教学理念注重预设性和确定性。与之相对的，新型的先进教学理念，则注重教学活动的生成性以及过程性，将教学活动看作开放的、多变的、复杂的、动态的完整过程，在师生深入交流互动、学生对知识的自主架构过程充斥着各种变数和未知，会创造出很多无法预知的有价值、有意义的东西。

在慕课基础上创建的翻转课堂教学模式，则是这种新型教学理念的生动实践。其在课下完成知识传授后，将课堂重心放在师生、学生之间的交流沟通和互动理解上，将理性和非理性因素有机结合，充分尊重和支持学生的自主性和创造性，使得师生在复杂、多变、创新的动态过程中有效发现、展示和发展自我，收获深层次的生命意义和价值，让学生在知识学习中获得思想、精神上的满足和成长。总而言之，课堂教学理念的深入转变和重建，使课堂活动从以教师绝对主导、学生被动接收的模式变成师生之间平等交流、协商和互动的新型模式，使教师照本宣科、机械固化的唯理性教学方式变成充分发挥师生自主能动性和创造性的动态多变的教学方式，这些都是重新构建课堂教学生态的基础保障和前提条件。

第二，重构课堂教学目标。新课改下的基础教育目标，是基于终身价值而提出的，注重知识以及技能、过程和方法、情感态度和价值观培养的教学目标。这一目标关注学生多方向、多层面的发展，是教育境界从低到高逐层递进的突出展现，这些综合能力的培养，可以让学生终身受益，有利于他们的发展和进步。基于慕课的翻转课堂的促进作用包括：①翻转课堂将以往课堂教学的主要内容——基础知识的学习放到课下，由学生利用慕课视频自主完成，为教学目标的认知与实现提供了前提保障；②课堂教学的内容变成师生之间共同配合研究、探讨、交流、解决真实问题，并让学生在教师引导和帮助下发现旧知识、新知识之间的内在联系,有效构建知识体系,最终实现知识的内化和吸收。

第三,重构课堂教学实施过程。基于慕课的翻转课堂教学在教学上的组织形式、教学内容、教学重点上都进行了有效改革,开创了课下,通过慕课传授知识,实现认知目标,课上师生深入交流、探索问题,实现方法掌握与情感体验目标的新型教学形式;以主体性、开放性、创造性的问题探究型教学内容和流程取代传统的封闭性、机械性、确定性的意识预设性教学内容和流程;教学重心从认知转变成自主架构。这种全新的教学过程给教师带来十分大的挑战,要求教师完全突破原有的角色设定和教学模式,深入接受和熟练应用新的教学角色以及模式。从原来的知识传授者、课堂主导者、教材执行者变成学生自主学习的引导者、协助者、组织者和咨询者,从传统教学方式变成以启发、探究、创新等目的为主的新型教学方式。此外,还要不断调整和优化学习过程及方法,时刻注重对学生情感态度、价值观等精神层面的培养和引导。

(4)慕课对教师课堂讲解能力的影响。自从班级授课制提出以来,课堂教学形式便应运而生。然而,在经年累月的教学实践中,一部分教学一线的教师或教育理论家,对课堂教学变革的意向一直没有中断,他们或大胆地实践尝试,或进行建设性的理论探索。慕课改变了知识传授者与学生之间的关系,推动了学校教育、课堂教学方式的变革。直面慕课,如果学校和课堂教学方式不改革,很有可能无法在国内教育教学行业继续立足,更无法在世界教育教学改革大潮中占据优势。面对慕课提出的种种挑战,教师必须重新审视面对面教学这种课堂教学方式的处境。挑战是严峻的,同时也孕育着良好的变革机遇——慕课为课堂教学及课堂生态的重建指明了全新方向。

第一,传统教学的教师讲解技能。

一是课堂讲解技能的主要功能。讲解指讲授法,即教师通过口头语言向学生讲授、传输知识和技能的教学行为和方法。讲解借助语言深入研究和剖析知识的组成要素、形成过程和内在联系等,帮助学生系统理解和掌握知识的内涵及规律。讲解最主要的特点是用语言传递教与学的双向信息。在课堂教学过程中,讲解常常和其他教学技能相配合,用于传授科学知识,解决学生在学习过程中遇到的疑难问题,加深了师生之间深层次的情感互通和互动、培养师生感情等。教师通过讲解能够有效帮助和引导学生增加知识储备量、培养各种学习能力、树立正确的思想道德观念等,是教书育人的重要手段。

教师准确、恰当地讲解既能让知识的传授过程变得得心应手、有效节约教育成本，又有助于学生高效率、高质量地认知和理解知识。课堂讲解技能具有以下重要功能和作用：

有利于系统讲授，强化认知。教师在教授新的内容和知识时，运用讲解方法，更容易让学生对所学内容和知识建立起正确、完整的第一印象；也能使学生更清晰地明确新旧知识之间的联系与区别，从而强化对所学内容和知识认知的准确性。

有利于帮助学生精准把握知识规律，形成正确的思维方式和系统的认知结构。教师通过对知识点或者具体问题的详细解说和剖析，为学生提供正确推理思路和科学思维方式的具象示范，帮助学生完成从学习知识到学会学习知识的转变。

有利于精准把握教学重点，攻破教学难点。教师讲解知识时，可以利用强调、刻意停顿、减缓速度等方式，引导学生深刻记忆、透彻掌握知识难点和重点。如果教师的讲解逻辑够严密、层次够清晰、推理够精准、剖析够通透，学生则能够少走弯路，高速高效地理解和掌握知识。有利于节省时间，提高效率。教师在课堂上进行精准的讲解，比学生自己学习或领悟，要节省时间。

有利于培养学习兴趣，激发学习热情和积极性。教师强大的人格魅力和言行举止，会影响和感染学生。例如，生动有趣、深入浅出的知识讲解，会有效激发学生的学习兴趣和热情，养成爱学、好学的良好习惯，培养自主学习意识。有利于把握节奏，调控课堂。讲解的教学方式方便教师自主、合理地控制课堂教学进度。

二是课堂讲解技能的应用原则。课堂讲解技能的应用原则包括以下内容：学科性。学科性要求每个学科的任课教师，将本学科的专业术语作为核心语言，以此来解说和剖析知识内容。因为不同学科有其独特的基础概念和理论体系，它们共同组成了具有鲜明的学科特征、蕴含本学科知识内涵和规律的知识结构系统；点拨思维。教师的讲解要充分尊重和遵循学生的认知规律，严格按照从表面到内核、从已知到未知、从具体到抽象循序渐进的认知过程。教师要在学生认知能力和情感需求基础上，巧妙提出学生关注的思考性问题，并结合相应的情境设定，有效激活学生的学习渴望和兴趣。同时，要善于在讲解过程中点出矛盾，引导学生思维方向，帮助他们充分发现问题，有效解决问题，进而树立解决问题的正确思维方式；生动启发。教师通过口头语言传授知识，虽然有利于教师自主把控教学内容和方式，但通常情况下，学生只是被动接收，缺乏一定的自主能动性。如果不注意，学生很容易陷入松散倦怠、注意力不集中的状态，从而影响教学效果。这就对教师的讲解水平和能力提出了更高要求。所以，教师要充分发挥语言艺术，加强情感交流和互动，利用生动鲜活的案例、故事等内容调动学生积极性，启发学生思维。

三是课堂讲解的类型。讲解教学依据具体内容的性质，可分为事实性知识讲解和抽象性知识讲解两个类型。事实性知识讲解，主要运用于文科教学活动，指教师详细地解释、说明、阐述教学内容中具象的事件（事物）及其发展过程（开始、进行、结果）等；抽象性知识讲解，主要运用于理科教学活动中，主要讲解内容包括概念、原理、方法、结构、公式、规律、问题等。依据论证的思维方式，又可以将抽象性知识讲解分为两种：①归纳式讲解。带领和指导学生对某些具体物质的相关事实材料进行研究分析、对照比较和归纳总结，提炼出事物共有的本质、特征或规律等；②演绎式讲解。带领和指导学生运用特定的原理、公式等，合理推理、论证某个事物，最终得出结论，认识事物。该教学方式遵循的认知规律和归纳式讲解相反。采用演绎式讲解时要综合考量学生的实际情况，充分考虑学生的认知能力和接受程度，应谨慎选择。

四是课堂讲解的一般程序。讲解教学是围绕课程主题开展的系统连贯、层次明晰、顺序明确的阶段性完整教学活动。

事实性知识讲解程序：①首要阶段——提出问题。主要是为了集中学生注意力，通过对知识内容简明扼要的概述，让学生对接下来的教学内容有大体了解并且把握；②主体阶段——叙述事实。进一步详细描述和介绍具体事实，从而达到以事论理的目的；③关键阶段——提出要点。引导学生从事实内容中提炼出其背后蕴含的思想和道理，深刻把握内容主旨；④最后阶段——核查理解。检查和评价学生的学习成果，考查学生对具体事实和主旨思想的理解和掌握程度，并给予及时合理的反馈评价和建议。

抽象性知识讲解程序。依据抽象性知识讲解的思维方式可分为归纳式和演绎式两种，这两种讲解方式的程序正好相反。

归纳式讲解程序是指从具体、特殊的事物中提炼总结出抽象、一般的本质、规律等相关概念的思维过程，具体程序主要包括：①主体阶段——列举感性材料。主体阶段是整个程序的基础。罗列出来的感性材料既要与一般本质、规律等紧密相关，又要尽量保证典型、丰富，以免因为感性材料问题总结提炼出片面、错误的概念；②关键阶段——指导分析。充分调动学生思维，引导学生根据要求将所有感性材料进行形式、内容、特征、关系、成因等方面的整体性分解，为下一环节奠定基础；③核心阶段——综合概括。综合概括和分析同属智力活动，是利用思维将上一阶段分解的结果整合起来进行对照比较，筛选并找出共有属性，再总结归纳得出结论；④最后阶段——巩固深化。将新结论进行类化，帮助学生在类推中加深对知识的理解和记忆。

演绎式讲解程序是从一般、抽象的事物中推理、论证出具体、特殊结论的思维过程，具体程序包括：①起始阶段——提出概念。这是所有环节的基础，包括提出抽象概念，分析较高的原理、概念、定义、公式等；②关键阶段——阐明术语。主要是为了更加清晰明确地界定概念，准确把握其内涵和外延；③核心阶段——举出实例。是将提出的抽象概念运用到具体事物上进行推理论证，得出结论，是从一般到具体的思维过程；④最后阶段——巩固深化。经过实例论证得到概念，再经过运用和说明等操作进一步加深理解，巩固认知。

五是讲解技能运用时应注意的问题。在讲解内容准备阶段，教师不但要清晰把握内容的知识点、重点和疑难点，让讲解过程条理清晰、层次分明，利于学生掌握，还要特别注意新旧知识之间的内在联系，遵循知识体系的规律和逻辑顺序，使新知识完全融入已有知识体系中，以形成完整的整体，否则容易形成"知识碎片"，不利于系统掌握和应用。

总而言之，在讲解过程中，教师首先应充分激活学生的认知思维，有意识地将已有知识与即将学习的新知识联系起来，引导学生利用已有知识思考和把握新知识，培养学生的认知能力和自主学习意识；其次进行针对性地细致讲解，有效吸引学生注意力，加深其对知识的理解和掌握。教师要多方探索和学习、不断积累经验，找到最适合的讲解方式，既要有效调动学生的积极性和求知欲，营造轻松愉快的学习氛围，又要保证讲解的高质量、高效率。

第二，慕课教学形式下教师的讲解技能。课堂翻转改变了传统课堂教学相关要素的动态组合，这种改变势必引起讲解技能的变化。慕课的教学过程可以用交流信息的方式呈现出来，教师需要运用类似于谈话方式的来讲解，其音调也需要进行变化，其高低强弱因学习内容而定，通过夸张有效地突出重点，引起学生的共鸣。课程的重点要言简意赅，深入浅出。只有抓住重点，才能突出重点。对于重点问题，要讲精、讲透。精讲不等于少讲，如果讲得过于简单，学生不能掌握所学内容，更谈不上精益求精。内容要能举一反三，举一就是教师的事，要多讲，讲深讲透，直到学生能反三；反三则是学生的事，是学生在学习过程中利用已知探求未知的过程，这个过程中，教师尽量不要

## 第三章 高校教育中混合教学模式的形态构建

讲,更不能包办代替。教师在慕课教学讲解过程中,要注意以下三个方面的问题:

一是联系新旧知识,形成完整体系。讲解教学的显著优点之一,是能够帮助学生充分了解和把握新旧知识之间、新知识各内在要素之间的联系。教师在日常讲解教学中,既要帮助学生形成完整的本学科知识体系,又要引导学生建立起科学的认知结构。教师在讲解时,要将新知识与学生已有知识结构联系起来,并进行深入浅出、准确清晰的讲解,便于学生更好地理解和吸收新知识,并在新旧知识之间建立起实质性联系,将新知识完全融入已有知识体系中,形成有机整体。让学生能够融会贯通,提高认知技能和能力。

二是启发思维,提高认识能力。讲解的主要目的除了传授具体知识,更重要的是引导学生开动脑筋、建立正确的思维方式和认知技能。这就要求教师在讲解过程中,善于引导和启发学生,充分调动学生,引导思维逐层深入,让学生在学习知识的同时学会如何学习知识。教师在运用各种生动形象的讲解方式时,应从具体到抽象、从感性到理性层层递进,帮助学生准确把握认知规律和方法,使学生养成独立思考和解决问题的习惯和能力。

三是培养求知兴趣,激发学习动机。学习是不同动机共同作用的结果,深受学生情感、情绪等主观因素影响。学习兴趣是积极向上的、良好的学习心理,可以充分调动学生的学习激情和求知欲,产生无限动力。所以,教师要竭尽所能利用各种教学手段,激发学生的学习兴趣和积极性,而深具趣味性、灵活性、直观性特征的生动讲解能够很好达到这一目的。

(5)慕课对教师课件制作技能的影响。传统的教学模式注重口授、板书、教材书等方面。然而,慕课充分利用现代的多媒体技术,使多样化的教学技术得以运用在课程中。慕课学习充分利用多媒体的信息技术,将影像等引入课堂中,使课堂内容变得更加丰富,更有吸引力,学生能够更加专注于课堂内容,学习效果更佳。慕课的课时短,避免了过长的课时让听课的学生注意力分散的问题,更适合于现阶段学生的时间安排,可以让学生充分利用碎片化的时间。慕课的教学模式更加注重结构化教学,注重讨论和知识的延伸。相比于学生对基础知识的掌握,慕课更加注重对学生思想的培养,发现法、探究法、合作学习等方法可以帮助学生更好地开展学习。慕课除了课堂教学外,还可以实时追踪学生的课后互动,查看学生的学习状况、听课效果等。另外,慕课可以根据学生的听课情况,开发个性平台,及时调整上课方式,构建人性化的教学。

### 重构高校教育教学形态：混合教学模式的探索与实践

近年来，互联网技术的成熟和发展推动了教学的发展，使得教育形式发生重大变革。慕课平台的出现，更引发了我国教育事业的变革。在现代社会中，人们的生活节奏越来越快，类似慕课短、精、快的教学模式越来越被大众所接受，被称为反复学习和终身学习的最佳方式。慕课是一种适应现阶段的新型课程，它将更多的优秀教学资源投入网络，为没有进入知名学校的学生提供学习机会。慕课的发展适应现阶段的生活节奏，所以能够牢牢抓住消费市场。慕课视频时长通常在 1～12 分钟，以此满足学生的学习需求。慕课中微课程的"微"是短小精悍的意思，是各大优秀教师根据新课程标准和课堂时间总结出来，它以在线教学为目的，将知识框架和重要知识内容在 10 分钟内展现出来，体现了教师对整个知识的掌握程度、对知识的整合能力以及对课外知识的延展能力。

慕课的时长较短，教学目标明确，教学效果更加显著。短时间的教学可以使学生在短时间内注意力高度集中，并且在互联网模式下，使学习更加便利，摆脱时间和地点限制，随时随地学习。

第一，视频时长要短小精悍。学生在学习过程中，最常遇到的问题，是对知识的接受能力较低，学生不能感受到知识的纳入，学习积极性会被打消。因此，在设计视频时，需要重视认知超载的问题，减少视频中与课程无关的信息，将抽象内容具体化，加深学生的理解，降低学生在学习过程中出现难以理解的风险，并且可以在视频中的关键处作出标记，引起学生的关注，以此提高学生的学习效率。慕课的表现方式以及学习方式，是将课程进行适当分解，将难以理解的知识进行分解，并把视频控制在 10 分钟以内。一般而言，视频越短，越可以满足学生的学习碎片化需求。在视频短小的基础上，教师不应将视频中的知识内容缩减，而是要将内容细化，要让一个视频至少解决一个学习问题，对学习问题进行把握设计、理解、开发和深度讨论。在视频中，大多是以问题作为开头，通过讨论问题展开学习。视频的短小模式，在课程之初，就要开门见山地提出课程主题，通过提问方式，引起线上与线下互动，引发学生的思考，提高学生的学习兴趣，这样的视频模式和内容可以保证学生集中注意力，提高学习效率。

第二，视频采用丰富的教学手段。微课程是慕课教学的一部分，是慕课学习中的重要组成部分。课程设计者在设计视频时，应适当将各种娱乐图片融入其中，在不同学习内容要求下，选择不同的教育手段。微视频的教学要不同于传统网络教学，传统网络教学是面向大众的，而微课程教学是有针对性地进行个案讲解，通过情境模式引导学生学习。

第三，视频与媒体结合的运用。如今，是多媒体信息技术高度发展的时代，教学也需要与时俱进。在慕课教学中的微课程视频包含很多媒体要素，如文本、图片等。课程设计者在视频设计之初，需要将这些因素考虑在内，尽量降低学生的认知难度，做到图文并茂，以利用视频等将抽象化、难理解的知识点具体化，帮助学生理解。多媒体系统给予了课堂教学丰富的表达形式：鲜丽的色调、惟妙惟肖的界面、动听的乐曲，使知识内容图文并茂，生动形象，在学生认知与教学两者之间搭建起一座桥梁，帮助学生轻松地探寻知识的奥妙。视频与图片对人的吸引力远大于文字，课程设计者要充分认识到这一观点，将视频同媒体充分结合，由此设计出更加高效、更有吸引力的视频。

第四，视频配备简炼的文字内容。确定基本的视频内容、教学策略等以后，课程设计者要对视频进行简单的文字插入，其中包含微课程的标题、章节、知识点、视频时长等。人们对声音的接受需要反应时间，如果再配上文字，对信息的接受则更加快速和具体，学生学习时的效率也会更高。一般而言，大脑集中时间只有10分钟，视频要牢牢把握这一时间，在视频设计和制作时，要以10分钟作为标准。如果在视频过程中，出现真实的主讲人，则可以通过动作表达，吸引学生的关注度，帮助学生加深理解。如果只是普通的课堂教学模式，会使学生感觉与传统课堂教学并无区别，课的本身意义便会失去，学生的学习效率也会降低。所以视频中除了课程教学之外，课程设计者还应该为学生设计提示性信息，来引发学生的思考，跟上课程进度。例如，利用符号标注，提示学生课程中的关键信息。

由此可见，在慕课的课程设计过程中，应该充分把握学生的主体地位，在设计之初，就要关注学生的学习需求，只有真正掌握学生的认知程度和学习需求，才能更好地开展课程设计，才能为学生提供更加有效的慕课视频，进而形成良性循环。慕课视频大多主张开门见山，课程之初便提出问题，通过问题展开对知识的讲述，同时不断抛出问题，引发学生的思考，将实际操作中可能会遇到的问题在课堂中提出，使实际操作可以更加顺利地开展。在做好本期视频内容的同时，慕课视频还要在短时间内做好与上一期视频的衔接，巩固上一期内容，同时做好下一期视频的过渡，为下一期的知识内容做好铺垫。

### 5. 慕课混合式教学的重要意义

推行慕课混合式教学是在信息时代实施因材施教的重要途径，教师从机械重复的教学工作中解脱出来所节省的时间和精力，完全可以充分投入因材施教的差异化教学工作之中，这在高等教育，特别是学校的通识教育课程中就显得更为重要。学生需要学习通识教育课程的低年级学生，正处于从基础教育阶段的应试教育思维向高等教育阶段的实践思维、批判性思维、创新性思维过渡的关键阶段。通识教育课程的选课，学生往往来自不同的学院和专业，文理科专业背景也不同，知识结构和学习能力差异也很大，这就更需要教师根据学生的专业背景和知识结构对学生分门别类、有针对性地组织教学内容，布置相应的学习任务。

在分类教学的基础上，还可以给予学生更多的人文关怀，根据学生的个体特点，进一步一对一地进行在线或面对面的教学辅导。慕课混合式教学模式通过提高教学效率节省出的教学劳动时间，仅仅是为提高教学质量和精细度提供了一种可能性，具体而言，是否能够真正起到实效，还要看学校和教师是否都有充分的认识并付诸行动。只有教师能够潜心教学，追求教学质量的提升，校方能够积极创造保障条件支持教师投入教学，多方相向而行、形成合力，才能产生效果，否则很有可能沦为通过慕课来应付教学工作，如此投机取巧之举，最终只会因偷工减料而造成教学质量下滑。

## （二）高校混合教学中慕课学习资源设计

### 1. 慕课学习资源的设计过程

设计慕课学习资源的过程通常包括以下步骤：

（1）设计课程大纲。在设计过程中，需要明确课程的目标、学习内容和学习者的需求。课程大纲提供了整体框架，包括课程的结构、模块和学习路径等，以确保学习资源的有机组织和连贯性。

（2）根据课程大纲撰写课程简介。课程简介是对整个课程的概述，旨在吸引学习者的兴趣并提供对课程主题的简要介绍。此外，还需要进行单元教学设计，规划课程各单元之间的内容关系图，以确保学习的连贯性和逻辑性。

（3）根据单元教学设计制作学习资料。这包括制作演示文稿、本章导学、作业和测验题、视频以及其他相关学习资料。演示文稿可以用于展示主要概念和知识点，引导学习者理解和掌握内容。本章导学可以提供学习指导和背景知识，帮助学习者准备好接下来的学习任务。作业和测验题用于评估学习者对知识的理解和应用能力。视频等多媒体资料可以提供更直观和生动的学习体验。

通过以上的设计过程，慕课学习资源可以呈现出完整的教学内容，为学习者提供系统化、结构化的学习体验。同时，设计过程中还需要考虑学习者的背景和需求，确保学习资源的有效性和适应性。因此，在设计慕课学习资源时，需要综合考虑课程目标、学习者需求和教学方法，以提供高质量和富有吸引力的学习体验。

### 2. 慕课课程设计的大纲确定

MOOC 仍然是课程，因此，依然需要制定 MOOC 课程的大纲。课程设计要根据 MOOC 的特点，而不能只是使用传统教学制定的大纲，对课程的大纲进行调整。调整的过程和方法为：开展面向学生、教师的问卷调查和座谈—了解学生对课程的需求和感受，以及教师的感受—调研同类课程的开始情况—确定本门 MOOC 的内容范围、学习目标、重难点—划分成"章"（模块）—将各章进一步划分为多个"节"（单元）—明确每节的名称和内容（每节一般对应一个相对完整的知识点，表现为一个短视频）。

### 3. 慕课设计课程的主要信息

课程主要的信息一般包含两个方面的内容，即课程简介和常见问题，具体内容如下：

（1）课程简介是课程信息的重要组成部分，它包括以下内容：课程关系图、课程特色、授课教师、成绩考核方式、知识单元与进度安排、课程目标、学分、课程名称、前导课程、成绩评价方式，以及教材与参考书等。对于学位课程，还应说明其在人才培养体系中的地位。对于混合学习课程，还可以介绍线下活动的安排、教学方法和组织形式等。通常，课程简介会发布在课程首页，并采用图文或视频形式进行说明。

（2）常见问题部分可以帮助学习者解决可能遇到的疑问。这些问题通常以问答的形式呈现，涵盖了学习过程中常见的疑惑和解答。常见问题的目的是提供便捷的参考，使学习者能够快速获得解决方案。

### 4. 慕课资源分模块教学设计

每个模块通常可以对应为一章，每章中包括以下部分：

（1）本周（章）导学。编写本周（章）学习的内容提要、重点、难点、学习要求和提示等。导学内容不宜过多，应简洁明了，条目清晰。

（2）本章学习视频。设计制作本章的一个或多个短视频，通常而言，每个短视频对应一节。

（3）本章参考资料。参考资料是除了主视频等资料之外的学习资料，可以是课程教学答疑小视频、演示文稿、其他参考资料、在线文献、报刊、书籍、论文等。根据其相关性，参考资料一般发布在某个短视频的后面。演示文稿和其他格式的文档需要以便携式文档格式（PDF）上传；也可使用平台提供的文本在线编辑，每一个授课单元的答疑小视频都可以放在该单元教学内容的最后，以供学生观看。

（4）本章作业。作业一般是主观题，通常采用教师批改或者同学之间互评的方式进行判分。为了可以自动评分，应当在作业是客观题的情况下，将其归入测试题中。作业的评判标准应当本着公开、公平的准则，其中同学互评的评判标准则要本着易于理解、详细的准则，使同学们的评判更合理、更公平。

（5）实验。如果课程有实验实训环节，则应将实验实训内容发布在 MOOC 平台中。实验实训可以分为在线和线下两种形式。在线实验实训包括虚拟实验和计算机类操作实验，而线下实验实训则是在实体环境中进行。

（6）测试题。在编写每章的测试题时，包括每章结束后的"每章测试"，可以根据章节内容设置大约 20 个选择题、填空题、判断题等题目。同时，在每个视频中间、视频结束后，还应设计与该视频内容紧密相关的测验（Quiz）。在视频中，一般设置 1～2 个题目，如每隔 5 分钟出现一个客观题让学习回答，答对才能继续观看。每个视频观看完毕后，可设置 3～5 个测试题。

（7）网上讨论主题。为了激发学生对学习内容的思考，教师可以针对每章内容设计一些讨论话题，这些话题通常与本章的重点和难点相关。此外，学生也可以自由提出其他讨论话题。

### （三）基于慕课的高校混合教学资源设计

慕课拥有全球范围内丰富而优秀的教学资源和以学生自主学习为主的前沿教学理念，而传统课堂教学又具有慕课所不具备的有效监管、情感互动和实地操作等优势。所以，高校要将两者有机结合，让慕课与传统课堂教育优势互补、相辅相成，以达到基于慕课推动教学改革的目的。

在应用型学校中，最行之有效的结合方式就是：以慕课为主，构建适合的翻转课堂教学模式，或是线上慕课+线下实体课堂的混合式教学模式。混合式教学是线上教学与实地课堂教学的结合，具体而言，包括教学理论、资源、环境、方式等内容的混合。应用型学校要有效整合和利用慕课的优质教学资源，加强师生、学生之间的互动交流，将慕课全面、科学、深入地渗透到日常教学工作中，大力开展翻转课堂和混合式教学，构建新型课程教学模式。

1. 课前设计阶段

课前设计阶段教师的主要工作是：研究和设计课程体系结构、教学大纲、具体的知识框架等；从众多慕课资源中筛选出适合的课程内容、自己制作教学微视频课件、准备其他预习资料和作业等；将准备的所有教学资料按照教学目标要求，分成必学和选学两部分布置给学生。以上准备是之后阶段顺利开展的前提保障，能够有效帮助学生高效率、高质量地完成学习任务。

课前设计阶段是慕课教学活动中不可或缺的一部分，具体原因表现在两个方面：①慕课课程缺乏系统性的知识体系，教师需要提前设计课程体系结构和知识框架，以助于学生对即将学习的内容有系统、全面的整体了解和把握，做到心中有数，避免形成"知识碎片"；②慕课课程资源丰富而冗杂，学生群体要想从庞大的信息中，筛选出适合的学习内容，难度很大，而且每个学生的学习能力和需求各有不同，需要教师帮助学生提前选择合适的、优质的慕课课程，并根据学生的具体情况设计行之有效的学习策略，供学生选择使用，从而有效提升学习效率和质量。

2. 慕课学习阶段

学生按照教师布置的课前学习任务和提供的学习资料，认真学习必学模块中的所有慕课视频课程内容，再根据自身需求和能力，选择性地学习选学模块中的资料内容，并按照要求认真完成预习作业。通过该阶段的学习，学生可以较为全面地掌握课程知识内容，标记出难点问题。慕课学习阶段属于课外学习范畴，对学习的时间、地点和进度要求相对自由，学生可多次重复回播或查阅相关资料，直至彻底理解。这种自控式、深层次的学习模式，能够为学生带来前所未有的个性化体验，从而有效提高学生的自学能力以及自控能力。

3. 课堂互动阶段

在课堂中，教师引导学生开展作业答疑、合作探究和互动交流等学习活动，帮助学生更好地"内化吸收"知识，将慕课学习阶段掌握的知识进一步加深理解以及记忆，以突破知识难点、把握知识重点，达到高质量学习的目的。在这一过程中，不同学科采用的课堂学习活动也不一样，如经管类课程偏向于问题讨论和案例分析等，外语类课程偏向于口语交流练习等，理工类课程偏向于现场实验和方案设计等。

课堂互动的主要形式有作业答疑、小组合作探究和学习成果评价交流等。首先，作业答疑环节，教师会依据教学大纲，以及学生在慕课学习阶段遇到的问题等，总结设计出具有代表性强、值得深入探讨的问题。从旁引导，协助学生完成解答，在这一过程中"化零为整"，帮助学生将知识融会贯通并进行深入理解；其次，在小组合作探究环节，教师将学生划分为若干个讨论小组，并给予一定问题、案例、场景等话题，让学生以小组为单位展开讨论和研究，利用出示研究报告、开展辩论比赛等形式，将研究结果展示出来。这种学习方式能够有效提高学生的互帮互助和团结协作意识，增进学生间的感情，提高人际交往能力，提升学习效果；最后，在学习成果评价交流环节，通过教师点评、同学间互评、自我评价等形式检验慕课学习成果、知识掌握程度、小组讨论参与度、小组研究成果水平等。在这一过程中，学生可以全面深入地检验自己的知识掌握情况，从而有针对性地查缺补漏，不断夯实知识储备。

### 4. 实践扩展阶段

学校将慕课与传统教学模式有机结合，开展翻转课堂和混合式教学的最终目的是：帮助学生将学到的知识更好地运用到生活实践中，从而培养出对社会真正有用的应用型人才。实践扩展阶段是新型课程教学模式的重要组成部分，是课堂教学的延伸和扩展。实践扩展阶段主要采用的形式有学习/研究成果分享、知识/技能竞赛、社会实践体验等。成果分享主要是学生个人或团体将自己的学习感悟、研究成果等内容利用短视频、论文等形式上传到网络上供社会检验和学习。在这一知识创新和再创造过程中，学生能够不断加深对知识的理解，培养实践技能。

总而言之，在实体课堂教学中，引入慕课具有至关重要的积极作用，可以带来丰富优质、实用性强的教学资源，能够有效帮助应用型学校更好地发挥职能，实现应用型人才的培养目标。另外，慕课可以带来优秀的教学理念，即强调学生为本，引导学生自主学习，不断培养和提升其自学能力。

## （四）混合教学中慕课视频的设计和制作

### 1. 设计单元教学目标

明确的教学目标有助于准确有效的学习评价。根据加涅的学习结果分类和布鲁姆的教学目标分类理论，先要判断学习结果的类型、学习要求的层次，选择合适的动词，根据 ABCD 法①描述每个单元的教学目标：学习对象在何种条件下的学习行为达到何种程度，如学习者能够举例说明计算机的 5 个特点。不同的学习结果可采用不同动词进行描述，学习结果可以分为三类，即言语信息、智力技能和情感态度。

### 2. 制作拍摄的脚本

MOOC 视频可以采用不同的元素来提供教学内容，包括教师形象、计算机操作过程或设备仪器的操作演示过程。这样的设计可以帮助学生更好地理解和掌握课程内容。在拍摄 MOOC 视频之前，需要进行相应的脚本设计，以确保视频内容的清晰和连贯。下面分析两种常见的脚本设计类型：

第一，电影脚本式：这种设计方式类似于电影拍摄，按照教学设计的过程编写脚本。这种脚本设计可以让教师事先明确每个场景的内容和流程，确保视频制作过程更加顺利。尽管这种方式比较耗时，适合用于片头或少量视频的设计。

第二，演示文稿式：将每个 MOOC 视频制作成演示文稿，体现内容逻辑和元素动画的顺序。这种设计方式可以让教师更准确、丰富地呈现内容，同时需要精心设计动画和收集相关资料。制作完成的演示文稿可以用于课程视频的拍摄和制作，并且还可以作为独立的教学课件发布。

在 MOOC 视频制作过程中，演示文稿可以在录制视频时直接出现，作为内容的呈现方式。教师可以根据需要选择将演示文稿作为思路提示，帮助讲解内容更加清晰和连贯。此外，演示文稿也是后期制作的主要内容来源，可以在编辑和剪辑过程中发挥重要作用，确保最终的视频效果符合教学需求。

### 3. 视频的拍摄方案

视频拍摄前，教师和拍摄团队应共同讨论拍摄方案，包括拍摄的场景物件布置、教师的服装风格、场景风格等。

---

① ABCD 教学法是一种基本上反映了行为主义的观点、强调用行为术语来描述学习目标的方法。

重构高校教育教学形态：混合教学模式的探索与实践

（1）在教师出镜视频拍摄时，一般应注意如下事项：

第一，着装要求。服装尽量避免反光材料，服装上面最好无斑点、条纹等元素，并尽量避免与背景的颜色相同，不宜过于运动和休闲，除非课程内容需要营造休闲和运动风。

第二，在拍摄时需要注意的肢体语言。动作幅度应适度，避免过大。如果出现错误或忘词，保持原姿势不动，暂停3秒后继续讲解，出错内容应重新讲解一遍。对于单人讲解，眼睛应注视主机位；对于多人授课（如访谈），至少在开始和结束时应注视镜头。若担心忘词，可以将要说的话写成演示文稿或其他文档形式，通过提词器显示在摄像机镜头前方，方便教师讲解时查看。

第三，测试录制文件。在视频录制完成后，录制人员应立即对视频进行检查，重点检查录制是否正常，包括声音是否正常、是否完整录制以及教师面部的光线是否适当等。如果一切正常，则可以进入下一个视频的录制。

（2）教师出现在MOOC视频中的形式如下：

第一，教师不出镜。教师不出镜，但视频的声音依然由教师解说。这种视频分为多种方式：①为视频内容即为教师制作的演示文稿播放时的录屏内容，可以根据需要再做些后期处理，如增加字幕、版权说明等；②为录屏内容或动画效果，可根据需要增加相关注释。总而言之，尽管教师在视频的图像中并非一直出现，但是，为了更具连贯性，此时画面的声音通常仍然为教师的讲解语音。因此，在录制时，教师通常需要一次性拍摄完出镜的部分和不出镜的部分。

第二，教师出镜。在一个MOOC短视频中，教师通常在片头、片尾、强调重难点、内容转场等情况下出镜。这种情况也可分为多种形式：①实景拍摄，拍摄时教师在室内或室外的真实场景内拍摄，可以安排在室内或室外。可以教师一人主讲，也可以采用多人谈话方式；②教师在绿屏或蓝屏前完整讲课后，后期编辑时"抠像"再与其他内容合并。

总而言之，一个MOOC视频的组成可以包括片头、本讲开头、转场、具体内容和片尾几个部分，在每个组成部分中，教师可以根据需要出镜或不出镜。

### 4. 视频的录制工作

在制作MOOC视频时，需要使用屏幕录制软件来录制计算机屏幕上的内容。无论是现场拍摄的视频、计算机屏幕录制的内容还是其他需要放入视频中的素材，都需要通过视频编辑软件进行合成制作。在视频中可能会包括教师的影像、动画、电影资料等素材,并根据需要添加必要的字幕和解说。

专业的演播室可作为 MOOC 视频录制场所,房间内的墙面和地面通常需要做吸音处理,有专业的灯光设施等。如果没有专业的演播室,也可搭建简易的 MOOC 视频录制室。可以设置可变背景布、可移动的专业摄影灯。此外,根据需要还可以配置各种道具,例如简易书架、多媒体一体机、计算机、讲台、桌子和沙发等,以适应不同场景的拍摄需求。

## 二、基于慕课的混合教学体系设计

### (一)基于慕课的混合式教学设计痛点

所谓"痛点"是互联网产品设计中常用的一种需求分析思路。痛点,即痛苦的点,当用户在使用产品或服务的时候抱怨、不满的、让人感到痛苦的接触点。痛点分析就是对系统可能造成参与者痛苦的关键需求进行分析。

教学系统设计是一个复杂的系统工程,包括教学目标、学习者特征、教学模式和策略、教学评价等诸多方面。从教学设计的痛点出发进行混合式教学系统设计,主要原因是混合式教学是课程教学的教学表现形式,其在课程的教学目标和教学内容方面与传统课堂教学是基本一致的。因此,传统的教学系统设计中的很多内容可以延续到混合式教学中,需要重点思考混合式教学的组成元素以及各元素的占比。

由于混合式教学的目的就是为了解决传统课堂教学的一些不足,这些不足是否能得到有效解决,就是混合式教学设计中的核心痛点。慕课混合式教学是对传统教学流程的重构,势必会在实施过程中带来一些新的问题,这些问题很多是教学设计者在教学设计阶段就能预感到的隐患,这些隐患如果不能在教学设计阶段就有针对性地设计对策加以应对,那么就很有可能遵循"墨菲定律"(会出错的事总会出错,如果担心某种情况的发生,那么它就更有可能发生)而发生。因此,是否能够避免混合式教学在解决传统教学中固有问题的同时产生的新问题,也是混合式教学系统设计中的痛点。

在混合式教学设计中,一个核心刚性需求,或者说突出的痛点就是如何在教学流程和时空环境重构后,确保教学质量与传统课堂教学相比不降低、不滑坡,并且能够在提高教师的教学效率和学生学习效率的基础上进一步提高教学质量和效果。混合式教学设计的另一个痛点是:混合模式的切入点,或者说是结合点选择问题,因此,这主要是对于教师和教学设计者而言的痛点。

在混合教学设计中，除了已有的慕课课程资源外，还需要设计和组织怎样的线下教学活动，还需要增补哪些在线的学习内容，以及各个教学元素的比重如何设定，都是需要教学设计者重点研究的问题和内容。

## （二）基于慕课的混合式教学目标设计

由于慕课混合式教学的背景是互联网时代的网络化学习，因此混合式教学蕴含的深层内涵和要义是突破传统教学的时空限制。换言之，互联网环境中的学习者的所有学习和探究行为都是在网络联通的前提下进行，在整个学习和解决问题的过程中，都可以随时进行互联网搜索以及与网友沟通交流，因此，整个学习过程与传统课堂教学在限定的时间、限定的场合要求学生在信息来源渠道相对单一的条件下，相对独立地完成学习过程相比有着较大的改变。而随着这种教学模式的不断变化，课程的教学目标也应当进行一定的相应的调整。

另外，慕课混合式教学的教育教学目标应该与课程使用传统模式的教学目的大致相同，但在教学目的的侧重点上应该有相应的调整，以此来适应这个信息时代对学习者的新的要求。具体而言，慕课混合式教学的教学目标应该侧重于学习者对课程内容的分析、运用和创新能力的培养，因为在当前云计算、大数据、人工智能等信息技术发展的时代，计算机在信息的存储和数据的运算方面已经全面超越了人类，因此，在信息时代，对人类而言主要应该培养的不再是记忆能力和运算能力，而应该是"迁移学习"能力。

迁移学习是指人类思维可以将从前所学到的知识应用于解决当下的新的问题，取得更好的效果或者更快地解决问题。迁徙学习被赋予这样一个新的任务：从以前的学习内容中掌握经验或者学习知识，并应用于新的任务当中。换言之，迁徙学习的目的是从多个任务源或者一个任务源中抽取经验、知识，然后应用到一个目标领域当中去，因此，可以说迁徙学习的核心意思就是：我国传统教育思想中总在强调的举一反三的能力。虽然目前人工智能研究领域试图使计算机也具备迁移学习的能力，但从总体上看，迁移学习仍然是人类思维区别于计算机人工智能最显著的一个特征，也是互联网时代的学生应该重点培养的能力，同样也是互联网时代课程教学最重要的教学目标。

慕课混合式教学目标的着重点是：在提高学生在互联网背景下的探索性学习能力，避免单纯识记和运算，帮助学生摆脱应试教育中学习是在限定时间和孤立空间内完成的个人行为的思维，培养学生能够在网络空间的弹性时间内通过社交网络和共享知识库自律地进行自主学习,从而提高问题导向的思维能力、分析问题的能力、迁徙学习的能力、团队协作的能力、批判性思维的能力等。

### (三)基于慕课的混合式教学学习者特征

由于慕课混合式教学的一个重要意义是增加教学过程中的差异化教学和个性化教学的比重,在慕课混合式教学系统设计中,对学习者特征进行分析是需要重点分析研究的方面。特别是由于很多高校将慕课混合式教学率先应用于通识教育的素质选修课教学中,而高校全校性通识教育选课最大的特点就是没有学院和专业的限制,同一门课程的选课学生来自文科、理科、工科等不同的学院专业。因此,如何有效地进行学习者特征分析,采集并分析学生的相关数据,根据学生情况进行合理分类,设计适当的团队分组的原则,是慕课混合式教学学习者特征分析的主要目标和意义。

第一,专业背景。专业背景是学生所在的学院专业的客观信息,一定程度上可以反映学生的知识结构,而且在慕课混合式教学中,为了提高教学效率,所有的客观数据都应该从教务系统中自动同步。

第二,知识结构。学生的知识结构可以参考其专业背景来分析,但是需要注意的是,当前学生的知识结构越来越多元化,因此,不能机械地用专业背景来推断学生的知识结构,可以通过问卷调查和小测验的形式收集并分析学生的知识结构。

第三,兴趣爱好。兴趣爱好往往对学生的学习动机和积极性产生较大的影响,特别是在差异化教学和个性化教学的教学设计中,根据学生的兴趣爱好有针对性地组织教学内容并引导学生进行探究性的学习是教学设计的主要目标。兴趣爱好可以通过问卷调查的形式收集数据。

第四,自评。自评的含义是要求学生在正式开始课程学习之前,通过填写教师设计好的问卷,对自己当前的知识结构和能力水平,进行自我鉴定与评估,帮助学生正视自己的现状,分析自己的特长和短板,以便在学习过程中有针对性地弥补自身存在的知识短板。

第五,认识同学。慕课混合式教学的一个重要特点就是:强调互联网环境中的团队协作式学习,避免出现很多教育专家担忧的慕课让学生学习过程更加孤僻的问题。团队协作的前提是认识和了解同学和可能的队友,因此学生的专业背景、知识结构、兴趣爱好、自评数据等信息应面向全班学生公开,让学生在充分认识自己的基础上充分认识同学，引导学生思考如何在团队学习过程中充分发挥自己的特长，并且能够积极与团队成员进行合作，最终通过课程学习提高学生的沟通交流能力和团队协作能力。

第六，痛点分析。与教师对混合式教学设计的痛点分析的目的类似，学生在开始课程学习之前也应该对自己学习该课程的痛点进行分析，从而让教师能够进一步掌握学生的特征，帮助学生在学习过程中，重点解决痛点。以高校一门与信息技术相关的通识教育课程为例，通过问卷调查分析，可以看出，文科学生的学习痛点是担心课程内容太难、学不会，而理科和软件相关专业的学生担心课程内容太浅，会导致浪费时间，所以在教学设计中，如何满足不同专业背景和知识结构的学生的学习需求，就是教学设计重点要解决的问题。

第七，性格特征。除了显性的专业背景和知识结构等信息之外，学习者的性格特征往往更难以察觉。在强调团队协作的混合式教学中，学生的性格特征是非常关键的因素，有可能会影响学习团队内部的合作和协调，因此，了解学生的性格特征是教师对学生进行有效的沟通、交流和辅导，以及合理制定团队分组策略的重要依据。需要特别注意的是，由于人的自我防御机制，直接的问卷往往难以获取被测者真实的数据，因此可以使用专业的心理性格测试问卷对学生进行性格特征分析。

第八，学习者特征分析的技术要求。在慕课混合式教学系统中，基于App前端界面和自动处理数据并生成数据可视化报表的后台数据处理系统，是进行学习者特征分析的先决条件。具体的形式和操作流程是，教师通过教学App发布问卷，学生用手机就能完成填写和提交，提交后的数据自动生成可视化报表，教师可以通过后台管理平台进行进一步分析，学生可以直接在手机中查看与自己有关的报表（如个人和同学的兴趣与能力雷达图）。具体的技术实现，有条件的学校和教师可以自主设计并开发App，另外也可以使用一些慕课平台内置的问卷和数据统计功能；没有条件的学校和教师可以充分利用互联网中的在线问卷网站服务来完成。

## （四）基于慕课的混合式教学环境设计

打造支持新型教学模式的信息化生态环境，构建智慧教学环境已经成为高校信息化建设的主要目标，各高校应该推进智慧校园建设，不断完善无线校园网覆盖，建设智慧教室，开发慕课课程。在智慧教室的设计中遵循"以人为本"的理念,高度关注用户的关联体验、思考体验、情感体验、活动体验和环境体验,以创新人才的培养为目标以及核心,构建创新型智慧教学环境,为师生提供轻松舒适的学习环境和全媒体的信息获取渠道。高校在教学信息化建设过程中,应注重秉承以教学为中心,深入教学内容,紧密结合教学过程,创新教学模式的理念,全力推动信息技术与教育教学深度融合。

总而言之,在基于慕课的教学改革过程中,将注重线上与线下相结合,通过翻转课堂改变教学方式,并改变学生的学习习惯和学习模式,使知识传递形式更多样化、可视化、立体化。从学生"学"的角度,逐步从"要我学"转变为"我要学",最终有效缓解教育需求差异化、个性化问题。高校在推动慕课和翻转课堂等信息化教学模式的过程中,还要同步提高教师的信息化教学应用能力,构建校本教学资源库,促进传统课堂教学模式向线上与线下混合的翻转课堂教学模式转型,从而进一步提高学校的人才培养质量与水平。

### 1. 网络环境设计

慕课混合式教学所需的网络环境包括校园网络和外部互联网,并且特别强调无线网络(Wi-Fi)和手机移动网络(4G\5G)的接入,需要从多个方面进行整体的网络环境构建和优化。学校应该积极构建层次分明的校园教学网络,校园网的意义和价值不应该是简单的校园内接入互联网的接口,重点不应该是提供通用的互联网接入服务,而是应该将主要的带宽和资源用于保证教学相关的需求,并且合理划分网络层次,能够根据教学需要随时限制或断开与教学无关网络访问。

校园内的教学环境包括教室、实验室、图书馆。高校应该积极建设校园无线网络,确保学生能够在混合式教学中充分使用个人笔记本电脑和手机等自带设备(BYOD)终端实现实时的信息检索,并通过移动教学 App 与教师和同学进行交互,校园无线网同样需要对非教学流量进行限制,通过限流保通的机制保证大量学生同时接入时,都能够正常访问教学资源。除了学校自建的以教学应用为导向的校园网之外,在当今智能手机全面普及和移动网络资费不断下降的背景下,学校应该加强与手机通信运营商的合作,引入运营商为学生提供适合学生网络化学习的流量资费套餐,让学生能够随时随地访问教学资源。

### 2. 学习社区设计

学习社区包含课程的分组团队和互联网中的虚拟学习社群,教师对课程学习社区的营造和管理是慕课混合式教学的核心教学形式之一。教师在通过即时通信软件建立基于腾讯 QQ 群、微信群聊的网上学习社区后，要注重经常保持在线与学生进行交流沟通，营造良好的网上学习氛围，具体的注意事项包括以下方面：

（1）教师应该尽可能地保持在线，实时反馈学生的问题，因为慕课混合式学习的特点是：学生通常会在周末和晚间等没有课堂教学的时间来进行慕课思考和学习，因此，教师在这些非传统的工作时间段与学生的交流就显得非常重要。

（2）要求教师保持在线并不是要延长教师的工作时间和增加教师的工作量，只需要教师始终保持一种与学生真诚沟通的心态即可，因为现代人对手机的使用黏度越来越高，很多人在平时都会加入各种好友、兴趣、社区、同事等群聊，并且对自己关心的群聊都能随时保持关注和参与，因此在混合式教学的学习群中，教师只要能够像对待自己的个人兴趣群一样对待课程的交流群即可。

（3）教师在课程交流群中的主持、调动、引导作用远比传统意义上的答疑作用要重要，在慕课混合式教学实施过程中，不同学生的问题往往比较雷同，再回答一次之后，就可以将该问题汇总，发布到网上的常见问题与解答（FAQ）之中，今后再有学生提出类似的问题就可以让学生自己查询，经过一轮教学过程后，FAQ 的内容越来越完整，教师的工作量就会逐渐减少。但是，需要注意的是，即使是简单地回复学生去查 FAQ，这种实时的回复也非常重要，因为实时反馈可以有效体现教师对学生的人文关怀，能够有效培养学生的自主探究学习能力和学习积极性。因此，教师参与网上学习社区特别要避免采用定时答疑形式，以免给学生产生例行公事的印象，从而减弱学生参与学习社区交流的积极性。

（4）在慕课混合式教学中，教师可以观察并挑选学习积极性高、学习理解能力强的学生作为团队分组的组长，在网上学习社区中培养骨干学生，通过骨干学生在学习小组中，传达教师的教学要求并协助教师进行答疑，通过生生交互进一步提高混合式教学的效率，并培养和锻炼学生的协作学习能力。

### 3. 混合式教学实验室和智慧教室设计

慕课混合式教学除了线上的慕课资源外，还需要有线下的学习环境，根据慕课混合式教学的教学目标，传统的多媒体教室已经不再适合团队分组教学和探究式学习的需要。因此，学校有必要根据自己的课程特点设计并建设满足慕课混合式线下教学需要的实验室和适应团队分组讨论的智慧教室。混合式教学实验室主要的作用是开展教学内容线上无法完成的实验操作。另外，除传统的实体实验室外，学校还可以考虑建设基于虚拟现实，以及增加现实技术的数字化实验室。这些能够满足分组讨论、智能手机和终端接入、网络远程交互的智慧教室，是今后各高校实施慕课混合式教学需要重点建设的教学环境。

目前，高校的教学环境还是以讲授式的课堂为主，虽然大部分教室已经配备了多媒体教学设备和网络接入，但从总体来看教学模式仍然是传统的课堂讲授，投影机等多媒体教学设备的作用，更多是"黑板粉笔"的变形，学生在课堂内的信息来源渠道单一、参与度不高，更多是对教师讲授知识的被动接受，高校生从基础教育阶段延续而来的应试学习思维普遍存在。因此，下一步的教学环境的建设和设计的首要问题，是培养创新型人才的需求。

4. 社会实践环境设计

慕课混合式教学中除了实验实训以外，绝大多数内容都可以通过网络在线开展，因此，教师应该认真斟酌线下教学活动的设计和组织。如果设计不当，很有可能会把完全可以在线上完成的内容又搬回线下，最终演变为"为了线下教学而线下教学"或"为了混合而混合"，导致混合式教学沦为一种新的僵化的教学形式，从而失去混合式教学的价值和意义。因此，在目前高校生普遍缺乏社会实践经验，国家大力倡导高校生创新创业能力培养的背景之下，慕课混合式教学的线下教学走出校园，深入社会，让学生在社会实践中深化对课程教学内容的理解，应该是各高校混合式教学设计的方向。

## 三、支持高校混合学习的慕课管理平台构建

混合学习的成功与否取决于在线和线下活动的深度融合和互相促进，并且这种融合需要得到软件的支持。然而，如果支持混合学习的功能分散在多个不同的软件中，教师和学生就需要熟悉和应用多个软件。此外，由于数据难以集成，教师还需要综合分析来自多个软件的数据才能全面了解学生的学习情况。因此，一个能够充分支持线上和线下学习的MOOC平台对于混合学习的成功至关重要。新的学习空间应具备智慧性，支持混合学习，并能实现虚拟与现实的融合。学习空间包括传统的线下物理空间和虚拟的在线学习空

间,而这两类空间应当通过软件实现无缝融合。

为了实现这一目标,线下的物理空间需要增加感知和互动设备等硬件,同时这些硬件设备应当能够被软件进行管理。此外,软件应与线上学习的学习管理平台进行统一或集成,以确保线上和线下学习能够通过一个或多个相互集成的软件进行无缝管理,从而更好地支持混合学习活动的展开。

### (一)支持高校混合学习的慕课平台总体需求

混合学习的活动包括线上和线下两部分,都需要学习管理平台的支持。目前并没有充分支持 MOOC 与 SPOC 融合的学习管理平台,下面将从教师和学生的需求出发,分析学习管理平台应该提供的主要功能:

#### 1. 慕课平台的架构需求

支持混合学习的 MOOC 平台首先是学习管理平台,还应支持 MOOC/SPOC,提供支持线上学习和线下学习的相关功能。学习管理平台主要包括三类角色,分别为管理员、教师和学生。其中学生角色又分为两种:一种为注册的学习者;另一种为访客角色,并提供对应的模块。

支持混合学习的学习管理平台应具备以下特性:用户管理和学习资源管理功能,支持学生的学习活动和教师的教学活动,能够记录和统计教学和学习活动所产生的数据,并具备与相关外部系统进行接口对接的能力。这些外部系统包括防护系统、教学游戏、邮件系统、就业系统、社交网络软件和教务系统等。

在技术上,学习管理平台通常采用分布式架构,构建于公有云或私有云基础之上。这样能够实现根据用户量的增加自动扩展计算和存储资源的能力,以确保不同地区用户的访问性能和稳定性。

#### 2. 慕课平台学习者的功能需求

在混合学习情境下,学习管理平台通常为注册的学习者提供以下五个方面的功能,以帮助学生有效地进行学习和管理个人学习进展:

(1)选课功能:学习管理平台应提供完善的选课功能,包括学生可以自主选择课程、退出课程、分享课程等操作。此外,平台还应根据学生已学习的课程类型和名称等信息,向学生推荐相关的课程,以丰富学习内容和提供个性化学习体验。

(2)个人信息管理功能:学习管理平台应提供多种方式供学生注册和登

录，同时确保个人信息的安全和隐私。学生可以通过邮箱、手机验证码等方式确认或找回密码，以确保账户的安全性。此外，学生还可以设置个人头像、邮箱等个人信息，以个性化自己的学习空间。

（3）线上学习功能：学生在选课成功后，可以利用学习管理平台进行线上学习。平台应提供方便获取学习资源的功能，使学生能够随时阅读课程资料，并与教师、其他学习者进行讨论和交流。学生可以了解课程安排和近期需要完成的学习任务，并及时获得学习进展和反馈，以保持学习的动力。通过讨论区、课程反馈等方式，学生还可以获得关注和帮助，并及时反馈问题，了解问题的关注程度。此外，学习管理平台应支持个人学习和小组学习，以促进协作和互动。

（4）线下学习功能：学习管理平台也应支持线下学习活动，主要围绕课堂教学活动展开。平台应提供考勤功能，方便教师进行学生出勤记录。学生可以查看课堂活动安排，反馈课堂感受，并积极参与各种课堂活动。此外，学生还可以查看自己和其他同学的表现，以了解自己在课堂中的学习情况。平台还应提供课堂提问功能，使学生能够积极参与课堂互动，提出问题并获得教师的解答和指导。

（5）课程成绩与证书申请功能：学习管理平台应提供学生查看线上和线下活动成绩组成及得分的功能，以便学生了解自己的学习成果。此外，学生还应能够通过平台申请相关证书，以证明自己在学习过程中的成就和努力。

通过提供上述功能，学习管理平台能够帮助学生选择适合的课程、管理个人信息、参与线上和线下的学习活动、及时了解学习进展和成绩，并方便申请相关证书，为学习者提供其他便利和支持。这样的学习管理平台是混合学习中不可或缺的重要组成部分，能够有效促进学习者的学习。

### 3. 慕课平台教师的功能需求

任课教师在学习管理平台中需要通过以下功能来有效地管理课程和促进学生的学习进展：

（1）开设课程和课程设置：教师可以在学习管理平台上轻松创建一门或多门课程，并设置课程的基本信息。他们可以指定课程类型，例如在线开放课程或小规模私人在线课程。

（2）学习资源管理：教师可以发布和管理丰富多样的学习资源，包括视频、非视频学习资料、作业和试题库等。他们可以为这些资源设置属性，例如截止时间和可访问性。

（3）选课学生管理：教师可以查看课程中所有学生的信息，并根据学生的属性进行筛选。他们可以设置助教和学生分组信息，并向指定学生发送通知或邮件，以便更好地管理课程中的学生群体。

（4）线上学习活动管理：教师可以设定课程成绩的组成部分和具体计算方式。他们可以实时查看学生的成绩，并根据学生的学习进展通过站内信、邮件等方式向指定学生发送学习提醒。这样的管理功能可以帮助教师及时发现学生的学习困难并提供必要的支持和鼓励。

（5）线下学习活动管理：当教师进行面对面的教学活动时，学习管理平台可以提供以下信息帮助教师更好地管理学习过程：

第一，学习任务节点的进度：教师可以了解每个任务点学生的完成情况，包括已完成、未完成以及完成质量等方面的信息。

第二，作业和考试得分情况：教师可以了解哪些作业和测试题学生普遍掌握得好或不好，从而有针对性地进行教学反馈和辅导。

第三，学生的学习情况：教师可以查看每个学生对各章节知识的掌握情况，帮助他们了解学生的学习进展和个体差异。

第四，讨论区关注的内容：教师可以根据讨论区主题的阅读量、回复量和点赞数等指标对内容进行排序，也可以根据关键字搜索帖子，以了解学生对特定主题的关注程度和参与度。

这些功能使教师能够更好地管理课程、发布学习资源、监控学生的学习进展，并及时与学生进行沟通和反馈。通过学习管理平台，教师可以提供更个性化和有效的教学支持，促进学生在混合学习环境下取得良好的学习成果。这样的平台不仅方便了教师的教学管理工作，也为学生提供了更丰富的学习体验和个性化的学习支持。

### 4. 慕课平台管理员的功能需求

在混合学习情境下，管理员角色扮演着重要的角色，除了具备教师角色的功能外，还需要具备以下功能：

（1）用户管理：管理员需要设置学生、教师、助教等角色的功能权限。对于SPOC课程，管理员还需要确保与教务系统或学工系统的对接，以自动获取教师、学生和班级等相关信息。

（2）首页管理：管理员负责设置课程首页的显示内容。通过定制化设置，管理员能够提供更好的用户体验，使学习者能够快速找到所需的信息和功能。

第三章　高校教育中混合教学模式的形态构建

（3）开课管理：管理员需要审核新建的课程，并能复制课程，以便教师能够在不同的学期或不同的班级中使用相似的课程结构和资源，提高教学效率。

（4）统计分析：管理员负责对平台中所有课程的统计和排名。通过按学期、时段、学校、班级、课程等多种条件查询统计数据，如注册人数、在线人数、课程数、上传资料、浏览次数等，管理员可以全面了解学习平台的运行情况，并提供有关学习者活动和课程表现的数据分析报告。

（5）接口管理：管理员需要管理与外部软件系统的接口。混合学习平台通常需要与各种外部系统进行对接，如教务系统、学工系统、防弊系统、邮件系统、社交网络软件等。管理员负责确保这些接口的正常运行，保障平台与外部系统的数据交互和功能集成。

通过以上功能，管理员在混合学习环境中能够提供全面的管理和支持。他们不仅能够管理用户角色和权限，确保平台安全和稳定运行，还能通过统计分析提供决策支持和优化方案。管理员的工作对于混合学习平台的成功运行至关重要，他们的努力有助于提供良好的学习体验和学习成果。

（二）支持高校混合学习的慕课平台功能模块

**1. 课程制作模块**

课程制作模块为教师提供了全面而灵活的功能，使其能够轻松创建和管理课程资源。以下是扩展的关键点和结论：

（1）新建课程：教师可以利用课程制作模块创建全新的课程。通过设置课程学习模式、基本信息、持续时间、开放时间等参数，教师可以为课程确定基本的运行方式和规则。这些参数包括学习模式（自由学习或闯关模式）、课程简介、授课教师、公开性等，为学生提供清晰的课程背景和目标。

（2）课程基本信息设置：教师可以在课程发布后灵活地修改和调整课程的基本信息。然而，需要注意的是，某些平台对于一些重要信息（如开放时间）可能有限制，一旦通过审核并开放给学生后，可能无法再次修改。

（3）课程资源管理：教师可以根据教学计划设置课程的知识结构，包括章节和节的数量，以及它们之间的逻辑关系。在资源管理方面，教师可以上传和管理各种学习资源，如视频、题库、作业、非视频学习资料等。对于视频资源，教师可以设置开放时间、观看方式，并利用视频制作功能录制教学视频。同时，教师可以创建题库，编辑不同类型的试题，设置答案和对应的章节和知识点,并添加视频、音频、图片和文件等内容。此外,教师还可以创建作业、设定截止时间、成绩分值和提交次数,并选择评分方式和互评任务。

(4)关卡设置:对于闯关式课程,教师可以设置必修资源和分数限制,例如要求学生在进行测验或作业之前观看完相关的教学视频。

(5)公告与通知管理:教师可以通过课程制作模块设置公告和通知,用于向学生传达重要信息。这些公告和通知可以是针对全体学生的普遍通知,也可以是针对特定学生或小组的个别通知。教师可以通过平台内的提醒功能或电子邮件发送通知,确保学生及时获知课程相关的重要消息。

(6)讨论管理:教师可以通过课程制作模块设置讨论区,促进学生之间的互动和交流。教师可以添加主题、回复、点赞和置顶帖子,以章节或板块的形式划分子讨论区,可以选择实名或匿名方式,以满足学生的不同需求和教学目标。

(7)学生管理:教师可以利用课程制作模块查看选课学生的信息,根据关键字进行排序或搜索,并将学生分组或分班。这有助于教师更好地了解学生的情况,并在课程管理和评估中进行相应的调整和安排。

通过课程制作模块提供的丰富功能,教师能够高效地创建和管理课程资源,确保课程内容的完整性和质量。这将有助于提供个性化和有效的教学支持,促进学生在混合学习环境中取得优秀的学习成果。

**2. 线上与线下融合学习模块**

(1)选课模块。

第一,学生角色:学生可以在选课模块中进行报名选修课程,并利用关键字搜索功能查找符合自己需求的课程。一旦选择了课程,他们可以查看课程的基本信息、开始时间、选课人数以及课程进展等相关信息。这使得学生能够轻松浏览和选择适合自己的课程,同时课程进度提醒功能能够帮助他们了解自己在课程中的学习进度。

第二,教师角色:教师可以通过选课模块查看选课情况,并设置课程的助教等。举例来说,教师可以查看选课学生的信息,并根据职业、国籍、地区、年龄等特征对选课学生进行筛选。此外,SPOC功能还可以提供批量导入学生信息的功能,并且允许教师按照学校、院系、专业、班级等进行学生信息的查看和学生分组的设置。

(2)个人中心。

第一,学生角色:个人中心提供了学生角色一系列个人设置和信息展示的功能。学生可以在个人中心设置个人密码、保密问题和头像等个人信息,同时可以查看总体学习统计数据,例如选修课程数、获得证书数、访问次数等。此外,学生还可以在个人中心查看已选修的课程列表和课程进度等相关信息。

第二,教师角色:教师也可以通过个人中心进行个人设置和信息展示。他们可以设置个人密码、保密问题和头像等个人信息,还可以编写个人简介来介绍自己。在个人中心,教师可以查看总体开课统计数据,如开课课程数、发放证书数、访问次数等,并能够显示已开设的课程列表和课程进度等相关信息。

(3)学习提醒。

学习提醒功能通过系统默认或教师设置的方式,在教师和学生登录后的课程主页上自动提醒相关事项。这包括课程开课进度提醒、学习任务提醒、课程资料更新提醒等。

第一,学生角色:学生登录平台后,在课程主页的公告提醒区域会显示相关的提醒事项,以督促学生及时完成学习任务。对于重要任务,学生还可以通过邮件方式接收提醒。提醒事项包括即将截止的任务,比如"3天后作业2截止",以及讨论区中帖子的回复提醒,例如"您的帖子'误删除的文件如何找回'有2个回复"。此外,根据学生的得分情况,还可以提供相应的提醒。例如,对于得分较高的学生,可以告知他们本次得分的排名情况,或者提供最高分和最低分等信息,以帮助学生了解自己在班级中的表现。

第二,教师角色:教师可以设置课程的自动推送内容和推送对象,可以选择推送给全体学生、指定班级或特定学生。此外,教师还能够查看学生对提醒的阅读情况,以便及时了解学生的反馈和响应情况。

(4)观看视频。

第一,学生角色:在学习平台上播放视频,可以调整播放速度、切换到全屏观看模式,并且能够在视频中设置断点,以便继续播放或回到上次观看的位置。学生可以在观看视频时进行讨论,并记笔记,还可以及时提供纠错信息或建议。

第二,教师角色:除了具备学生的功能外,教师还可以查看每个视频的访问信息统计,包括观看次数和观看时长,还可以查看纠错信息等。

(5)学习非视频资料。

第一,学生角色:学生可以阅读各种非视频格式的学习资料,例如PDF、Word文档和课件等。在阅读过程中,学生可以方便地提供纠错信息或建议。

第二，教师角色：教师可以查看学生对资料的阅读情况统计信息和纠错反馈信息等。教师还可以调整学习资料的属性，例如设置开放的起止时间和是否设为闯关节点等。

（6）学习笔记。

第一，学生角色：学生可以在线记笔记，记录在学习每个视频或非视频资料时的重要内容。学生的笔记会按章节进行汇总，并可以分享和导出。

第二，教师角色：教师可以查看学生的笔记情况，还可以点赞或评论学生的笔记。

（7）提交并互评作业。

第一，学生角色：学生可以查看作业的属性，包括起止时间和占成绩比重等。提交作业后，学生可以查看作业的正确答案说明，以及作业的评分和评语。学生还可以查看本次作业的示范作业。如果作业设为互评作业，学生将收到互评任务，可以对其他学生的作业进行评分和评语。如果采用动态互评方式，学生还会收到其他互评任务。即使逾期未交，如果教师设置了"补交"选项，学生仍然可以提交作业。

第二，教师角色：教师可以修改作业的属性，查看作业的提交和批改情况，并进行催交。教师可以向未提交作业的学生发送提醒，让他们进行评分，并提醒未进行互评的学生尽快完成评价。教师还可以将优秀作业设为公开的示范作业。教师可以选择允许学生补交作业，但通常不会将补交的作业评为优秀。

（8）参加测试。

第一，学生角色：学生可以查看测试的属性，包括起止时间、可尝试次数和占成绩比重等。测试开始后会计时，测试结束后，学生可以看到答题情况的反馈，包括每道题的对错情况、得分情况和成绩。如果设置了定时公布成绩，学生需要等到指定时间才能看到成绩，系统会自动提醒学生。

第二，教师角色：教师可以设置测试的属性，还可以查看每道题的答对和答错统计信息。例如，可以按照答错率倒序排列，统计出哪些知识点的答错率较高。教师可以通过图表等方式直观地显示统计数据。

（9）参加讨论。

第一，学生角色：学生可以查看讨论区的统计信息，包括发帖数、回帖数和点赞数等。学生可以选择子讨论区进行讨论，包括发帖、回复、点赞和查询等。当学生输入标题时，系统会自动显示已经发表的相似帖子，并提醒

第三章　高校教育中混合教学模式的形态构建

学生可以直接查看这些帖子，无需再发新帖。学生在发帖被回复时会收到课程首页的提醒。

第二，教师角色：教师具备学生的所有功能，并可以对学生在讨论区的表现进行评分。教师可以删除帖子、设置置顶等操作。讨论区是学习管理平台为师生提供的社交功能之一。少数平台还提供在线会议室形式的实时讨论。学习管理平台将讨论与学习功能融合，营造出在社交中学习的氛围。学生可以在平台上发布自己的视频、文档等内容，并授权其他学习管理平台的人员或特定课程的人员访问，从而使学习管理平台成为学习和生活相融合的社区。通过分享和获得关注，可以促进学习者对平台的参与度，也有助于激发学习课程的积极性。

（10）线下活动支持。

第一，学生角色：学生可以在学习平台上进行线下教学活动的考勤签到，并查看自己在线下活动中的得分和排名等。学生可以通过学习管理平台及时向教师提问和反馈感受。

第二，教师角色：教师可以设计和开展线下教学活动，并在学习平台上进行相应的支持。教师主要包括以下方面的功能：

一是获取学生的学习情况数据，包括本次课程的总体学习情况和指定学习任务节点的学习情况。学习情况包括进度等量的数据，以及得分等质的数据。教师可以查看课程的学习进度和成绩排名，以及第2章和第3章的学习进度和排名等。教师还可以查看每次作业和测验的得分情况，以及某一章内容相关讨论区的发帖热度排名和发帖回帖数量等信息。

二是考勤功能。教师可以通过自动或手动方式记录学生的出勤情况，并可以修改出勤数据。例如，学生可以通过手机定位和网络功能，学习管理平台的App端可以自动记录学生的出勤情况。教师也可以在学习管理平台上手动进行点名，标记未出勤的学生情况。出勤数据可以计入课程成绩，并可以设置具体的计分规则。例如，可以将出勤活动的总分设为100分，缺勤1次扣20分，缺勤3次总分为0分；迟到或早退1次扣10分等。

三是记录学生的课堂表现。这包括学生的学习状态（如积极、中等、消极）、回答问题的次数和正确数，以及小组活动的参与情况和得分等。

四是收集和查看学生对课堂教学效果的反馈等。教师可以设置学生反馈问题的表单，包括设置表单的选项，并可以查看学生的反馈和进行统计分析。这方便学生提问和反馈对课堂教学的感受和评价。例如，学生可以在课堂上通过匿名或实名的方式向教师提出问题，提供具体的建议和意见等。教师可以实时看到这些问题和意见，并可以选择在课堂上及时回应，也可以选择在课后在学习平台上进行回复。

五是随堂测试。教师可以设置在课堂内某个时间段内完成的测试，可以选择出错率较高的题目。学生提交测试后，师生可以了解每道试题的具体情况。

六是作品（作业）展示。教师可以将学生的作业设为公开状态，并在课堂中展示学生的作品。学生可以对作业进行投票和打分等。

以上是对原文内容的改写，以使其更符合当前情况和实际需求。请注意，具体功能和操作可能因不同的学习管理平台而有所差异。

### 3. 学习评价模块

（1）成绩管理。

第一，教师角色：浏览并设定课程学习的评价准则。可以查看课程中所有学生的成绩排名和详细数据，包括个性化设定学生成绩构成比例的能力。可以将学生观看视频、作业、测验以及参与讨论等学习活动分别设置一定的成绩比例计入课程总成绩；每种学习活动均可设置评分细则；成绩可以导出成Excel等格式；可以根据不同的班级类型，设置不同的成绩组成部分和比例。

第二，学生角色：学生能看到学习评价规则、课程总成绩及成绩各组成部分的具体得分情况；也能看到本人在课程班级中的位置和变化情况，以及每一个计分部分的具体得分情况。

（2）证书管理。

第一，学生角色：学生可以查看自己是否成功完成了某门课程，有权申请证书，或根据符合获得证书的条件自动获取；能够查看在学习管理平台中获得的所有证书。

第二，教师角色：可以设定获得证书的条件和证书的样式；可以查看获得证书的学生信息。

### 4. 数据分析及预警模块

大量的大规模开放在线课程学习者未能按时完成学习任务。尽管在小规模私有在线课程学习中，课程完成度较高，但仍存在一小部分学生无法通过课程测试，以及一部分学生需要提升其学习成效的情况。因此，通过对学习过程和结果的数据进行分析，对课程的教学设计进行改进，能够准确地识别需要关注的学生,并提供早期预警和有针对性的指导,这是非常必要的。数据分析需要收集和分析各种课程数据,并为教师和学生提供可视化的学习情况分析报告,通常以数字和图形图表的形式展示。常用的图形图表包括折线图、饼图、仪表盘和雷达图等,可以直观地呈现与学习相关的数据。

从数据处理的角度来看,学习分析报告的内容主要是基本的统计数据,包括学习总体情况以及各种学习活动的情况。例如学习任务的整体完成情况、视频观看情况、作业情况、测验情况和讨论情况等。这些数据通常以百分比、具体数值或排名等形式呈现。学习分析报告的更高层次内容涉及对数据采用机器学习等方法进行分类、聚类和预测等分析。从数据服务的对象来看,学习分析数据可以从以下三个视角为不同用户提供数据服务:

(1)学生视角:学生用户可以分析自己的学习特点和学习方式,预测线上学习成绩,并获得早期或中期预警,还可以根据个性化的推荐路径和学习资源进行学习。

(2)教师视角:教师用户可以查看本课程学生的行为画像,即分析不同类型学生的学习行为特征,从而发现出色的学生和需要特别帮助的学生。这有助于推广优秀学生的学习行为,并有针对性地帮助学习困难的学生。教师还可以分析课程资源的使用情况和学习任务的完成情况。例如,哪些内容被反复观看、哪些测试通过率较低、哪些试题错误率较高,以及普遍掌握困难的内容与哪些因素相关等。这有助于了解课程资源的质量和确定需要改进的内容。

(3)教学管理者视角:教学管理者可以通过平台的管理员角色获得相关功能。例如,查看平台中所有课程的共同特征,如报名人数、访问次数和课程完成率等。此外,他们还可以查看平台中学习者的总体特征,例如年龄特征、学习时间特征、测试尝试次数和任务完成时间等。

**5. 基础管理功能模块**

(1)模板:为各类应用提供模板和示范,如提供评分标准 Rubric 的模板、课程简介的模板等。这些模板能够为用户提供标准化的格式和结构,以便在创建内容时更加方便和高效。

(2)用户管理:学习管理平台具备注册新用户、批量导入 SPOC 用户等功能。这些功能使得管理者能够灵活地添加新用户,并通过批量导入的方式一次性导入大量用户信息。

（3）角色与权限管理：学习管理平台允许将用户设置为教师、学生、教师助教、学生助教、管理员等不同类型的角色，并为每种角色设置默认的权限。通过角色与权限管理，确保每个用户在系统中的操作权限符合其所属角色的特定要求。

（4）文件管理：几乎每个模块中都涉及文件管理，包括文件的上传、存储、检索、删除和下载等操作。这些文件管理功能使得用户能够方便地管理和访问所需的学习资源和相关文件。

（5）搜索：学习管理平台提供各功能模块中的搜索功能，包括在平台中搜索课程、帮助信息，以及在课程中搜索学习资源，如视频和非视频学习资源、作业、测试等。通过搜索功能，用户能够快速准确地找到所需的内容，提高学习效率。

（6）超文本编辑：各功能模块中的超文本编辑功能包括文本编辑、样式设置、超链接设置，以及图像、音频、视频等文件管理功能。这些编辑功能允许用户创建和编辑文本内容以及管理相关的多媒体文件，丰富了学习平台上的内容表达方式。

（7）多语言切换：学习管理平台支持用不同语言展示界面中的文字，通常应支持中文和英文。通过多语言切换功能，用户可以根据自己的语言偏好选择界面显示的语言，提高用户体验的国际化程度。

（8）日志管理：学习管理平台自动记录重要操作的日志，例如用户的新增、删除等操作，以及课程的创建与删除等操作。通过日志管理功能，管理者和系统管理员能够追踪和监控系统中的关键操作，保证操作的安全性和可追溯性。

（9）帮助：学习管理平台提供关于如何使用平台的说明，包括帮助文档和案例等。这些帮助资源为用户提供详尽的操作指南和问题解决方法。

## 6. 对外接口模块

（1）移动端的功能支持。随着移动智能设备（如智能手机）的广泛普及，年轻学习者更倾向于使用移动设备进行网络学习。因此，为了支持混合学习，学习管理平台必须提供相应的移动端解决方案，例如 App，以便学习者能够随时随地进行学习。App 的功能应与桌面端学习管理平台的基本功能相当并且要保持数据同步，某些复杂功能可以限定在桌面端实现。

（2）对外接口及系统集成。学习管理平台可以通过与外部应用系统的集成来扩展功能和实现数据交换。

第一，与学校内部统一身份认证平台集成，以实现校内的统一身份认证。

第二，集成邮件系统和广泛使用的第三方社交系统（如微信），以实现注册、密码找回、信息提醒等功能。

第三，与教务系统等进行集成，以实现成绩自动录入教务系统的功能。这样可以将学习管理平台中的成绩直接记录到教务系统中，减轻教师的工作负担。

第四，与招聘平台进行对接，根据市场上的人才需求、学生的课程学习情况以及课程所对应的专业领域，自动匹配相关岗位，并向用人单位提供推荐。同时，还可以根据学生的课程学习情况向其推荐适合的岗位，实现学生与就业岗位之间的双向匹配和推荐。

第五，与社交网络系统进行对外集成，使得学习者可以将学习过程中的各种活动和心得等分享到其他社交网络平台，如微信、腾讯QQ和微博等。

第六，与防作弊系统进行对外集成，可以对作业等进行重复性检测，并在测试等活动过程中通过拍摄用户面部进行身份识别，以判断是否为本人。

第七，与教学游戏进行对外集成，使得学习活动以游戏方式展开。完成作业等学习任务相当于通过游戏的关卡，从而获得游戏中的积分等相关奖励，以促进学生的学习积极性。

（3）性能需求。在性能方面，学习管理平台需要提供用户友好、直观的界面，无需培训即可使用，并且具备清晰的导航、完善的帮助和模板等功能。此外，平台应支持虚拟化、分布式和云存储式部署，在硬件条件保证的前提下，能够应对高并发访问等需求。平台还应适配多种终端，包括PC端和移动终端，并支持不同操作系统（如Android和iOS）的移动终端。

（4）优质的客户服务支持。良好的客户服务能提高产品的用户满意度。客户服务包括定制化开发、基础数据维护、及时解答和处理用户在使用过程中遇到的各种问题等。对于一个功能复杂但缺乏客户服务的产品，或是一个功能普通但提供良好服务的产品，用户往往会选择后者。

### （三）支持高校混合学习的慕课个性化管理平台

学习管理平台应支持个性化学习，包括个性化的学习内容、学习顺序、学习时间和指导。目前，学习管理平台在不同程度上支持学习时间的个性化和学习顺序的个性化。例如，学生通常可以在教师规定的时间内自行安排学习时间，以及在课程的章节内容中选择先学哪些内容后学哪些内容。然而，对于实时、动态的个性化指导和学习内容推荐，需要根据学生的学习情况和特征，动态地推荐下一个学习内容和提供针对性的指导意见，目前还没有成熟的 MOOC 平台能够实现这一点。

个性化学习平台需要从课程知识点划分、学生特征收集、数据分析和资源推荐等四个层面进行考虑。这四个方面的功能构成了个性化推荐的原型系统，通过接口与现有的学习管理系统进行对接，能够根据学习者当前的学习状态，推荐下一个学习内容（知识单元），从而提供个性化的学习路径和相应的学习资源。

### 1. 学习内容的分级和属性标注

为确保课程知识单元的合理划分，需要利用学习平台之外的资源库对知识点进行验证。教师可以通过搜索引擎等方式获取规划教材目录、国内外相关内容的标准以及全国性或区域性统一考试的试题等资料。每个知识单元都应标注相关属性，并对所有的视频、非视频资源、试题和作业等进行标识，尽管标识的属性可能略有差异。作业的属性还需包括"答案"和"评分标准"等信息。具体来说，例如某个视频的标题为"计算机网络的分类"，内容简介为"根据地理范围、节点间关系、协议、带宽、拓扑结构等方面，计算机网络可分为多种类型"，关键字为"网络"和"分类"，难度级别为"低"，前导知识单元为"计算机网络的概念"，后续知识单元为"计算机网络的传输介质"。

### 2. 学生学习数据的收集

在教学设计的规范中，教学设计者需要在课程开始之前获取学生的特征，以便有针对性地设计教学活动。在个性化学习中，更加需要基于学生的特征和学习结果来推荐学习资源。因此，获得充足的学生特征和学习结果数据是实现个性化学习的前提条件。

（1）学生特征的组成。学生特征通常包括如下三个部分：

第一，学生的一般特征。学生的一般特征是指学生在心理发展的不同年龄阶段中所表现出的典型、普遍和本质的特点。这些特点通常包括学生的情感、思维、智力和身体发展等方面。例如，成人学习者一般具有学习目的明确、自学能力比较强、实践经验丰富、注重教学效率等特点，其希望与教师共同承担教学责任；而高校生在智力发展上则呈现出进一步的成熟特征，其思维具有更高的理论性和抽象性，并且由抽象的逻辑思维逐渐向辩证的逻辑思维发展。

第二，学习的初始能力。学生学习的初始能力一般而言，可以分为三个方面：预备技能——作为从事新学习的基础，是否具备了新的学习所必须掌握的技能与知识；学习态度——对准备学习的内容的认识和态度，看其是否存在偏爱或者误解；目标技能——对新的学习内容的目标技能的掌握情况，了解学习者是否已经部分掌握或者全部掌握了教学目标中规定的技能和知识，这是有助于建立教学起点和确定教学内容的，对已经掌握的内容，显然没有没必要将其列入学习计划中去了。

第三，学习风格。学习倾向是指学习者对于学习内容、学习环境等方面的偏好，包括学习态度、学习动机、学习情绪以及学习的坚持性等方面，而学习策略则是指学习者所采用的学习方法和方式。学习风格的构成受到心理、生理和社会等多个层面因素的影响。学习风格可以采用不同的划分方式。例如，可以将学习风格划分为"场独立型"和"场依存型"两种类型。"场独立型"学生倾向于具有较强的学习动机和主动性，更喜欢独立思考；而"场依存型"学生则具有较弱的学习动机，更倾向于通过交互式学习活动获取知识。另外，学习风格还可以分为"冲动型"和"沉思型"两种类型。"冲动型"学生倾向于快速给出答案，但常常出现错误；而"沉思型"学生则更倾向于经过深思熟虑后给出答案，错误率相对较低。此外，学习风格还可以根据焦虑水平划分为"高焦虑型"和"低焦虑型"。焦虑在心理学中指个体对某种预期可能对自尊心构成潜在的威胁的情境所产生的担忧反应或倾向。根据学习者的不同学习风格，需要采用相应的学习策略。

（2）学生特征与学习结果收集。

第一，在学生注册平台时，可以利用学习平台的问卷功能等方式获取学生的个人信息，如年龄、性别、学历、毕业学校和所学专业等。

第二，学生在选择一门课程并开始学习课程内容之前，可以进行诊断性测验。该测验涵盖即将学习的课程内容、前导课程的相关内容以及学习风格调查等内容，以获取学生的初始能力和学习风格数据。

第三，学生在课程学习过程中会生成各种数据。学生需要登录平台、观看学习资源、完成作业、参加测试、参与讨论等活动。

## 第二节　基于翻转课堂的混合教学模式构建

MOOC兴起之后，基于MOOC开展的翻转课堂成为国内外教育改革的新浪潮，为教与学的改革提供了新的思路。翻转能否成功取决于学生课前的准备，更取决于教师的设计。教师需要让学生课前多做准备、课中保持注意力，记录课程中的各类数据，并为下一次翻转课堂提供准备。

### 一、翻转课堂的认知

翻转课堂起源于2007年，由美国知名教师乔纳森·伯格曼和亚伦·萨姆斯提出。乔纳森·伯格曼被认为誉为"翻转课堂先行者"，曾获得美国数学和科学卓越教学总统奖，他和亚伦·萨姆斯合著了《翻转学习：如何更好地实践翻转课堂与慕课教学》和《翻转课堂与慕课教学：一场正在到来的教育变革》等热门书籍。

翻转课堂是一种教学形式，通过强调课下学习活动和相应调整课堂教学活动，以实现深度学习和满足学生个性化发展需求。翻转课堂的教学过程包括课前的预习自学、课中的翻转课堂和课后的复习这三个阶段。课下学习活动可以采用在线或非在线方式，但在线学习具有记录和管理学习情况的功能，因此具有明显优势。在课下自学活动中，学生初次接触学习内容，在课上通过翻转课堂活动促进学习内容的迁移和内化。当课下学习采用MOOC课程时，这种学习形式被称为基于MOOC的混合学习；而当课下采用在线学习，课上采用翻转课堂时，这种学习形式仅是混合学习的一种。

此外，翻转课堂更适用于高校学分课程，但对于任何课程来说，都可以部分内容采用翻转课堂教学方式。决定是否完全采用翻转课堂还是部分翻转取决于课程内容、学生特点等多个因素的综合考虑。相较于翻转课堂，还存在一种更易于实施的教学形式，称为"混合课堂"。与翻转课堂不同，混合课堂中教师可能会引导学生学习新课内容。例如，课前无需学生自学，或者要求自学但学生未能完成时，教师会在课堂上讲解课程的重点和难点内容。教师还会在课堂上进行测试、布置作业（个人或小组）和讨论等活动，而较为简单的内容则留给学生课后自学。测试的内容涵盖刚刚讲解的内容，且测试成绩可选择不计入课程总成绩；若为阶段性测试（如本章内容测试、期中测试或期末测试），建议将测试成绩计入课程总成绩。虽然这种课堂形式不符合传统意义上的"翻转课堂"标准，但借鉴了翻转课堂的思想，适合学生未能有效完成自学任务的情况，具有更大的灵活性，同样可以达到良好的教学效果。

### （一）翻转课堂的优势

第一，提高学生参与度：翻转课堂的核心理念是将学生从被动听课的角色转变为积极参与者。通过提供提问、测验、讨论和汇报等活动，学生被鼓励主动参与学习，这种积极参与增强了他们的学习动力。

第二，个性化学习机会：翻转课堂为学生提供了个性化学习的机会。学生可以根据自己的学习进度和兴趣选择适合自己的学习资源，满足不同学生的学习需求，提高学习的效果和效率。

第三，实时教学反馈：翻转课堂中的学习活动可以实时反馈学生的学习情况。教师可以及时了解学生的掌握程度和困难，针对性地进行指导和支持，帮助学生克服学习障碍，提高学习成绩。

第四，培养思维能力：翻转课堂注重培养学生的思考和问题解决能力。通过引导学生进行讨论、思考和实践等活动，鼓励他们深入思考和独立思考，培养批判性思维、创造性思维和解决问题的能力。

第五，激发学习兴趣：翻转课堂通过多样化的学习活动和互动，营造积极的学习氛围。学生在积极参与的过程中，激发了他们的学习兴趣和好奇心，增强了他们对知识的渴望和学习的主动性。

第六，教师角色转变：翻转课堂将教师的角色从传统的主讲者转变为课程内容的引导者和学生学习的支持者。教师通过指导学生的学习过程、提供反馈和评价，促进学生的学习效果和自主学习能力的发展。

总而言之，翻转课堂通过改变学生和教师的角色、增加学生的参与度和个性化学习机会，以及提供及时的教学反馈，有效提高了学习效果和教学质量。然而，翻转课堂并不适用于所有课程和学生，其应用仍需根据具体情况和教学目标进行评估和调整，以确保最佳的教学成果。

### （二）翻转课堂的成功要素

翻转课堂是一种教学模式，相较于传统课堂，它赋予了教师和学生不同的角色和责任。教师不再是传统的主讲者，而是需要全面了解课程内容、学生需求，并成为课堂的中心和引导者。这需要教师具备翻转课堂所需的知识和组织能力，包括对教学内容的熟悉和课堂组织能力的提升。

为了支持教师实践翻转课堂，学校起到了重要的作用。学校需要组织相关的培训活动，如示范课、微格训练和教师研讨会等形式，帮助教师了解翻转课堂的背景、意义和具体实施方法。同时，学校还需要提供教室的软硬件支持和班级编排的调整，为翻转课堂提供必要的环境和设施。此外，学校还应制定相应的政策，为翻转课堂提供政策支持，推动其在教学实践中的广泛应用。

然而，翻转课堂的成功也离不开学生的积极参与和配合。学生需要理解翻转课堂的背景和意义，以及学习习惯的转变可能会对翻转课堂的效果产生影响。他们需要适应更加自主、合作和探究的学习方式，培养良好的学习习惯和学习能力，以更好地适应翻转课堂的教学模式。另外，翻转课堂并不适用于所有的课程和教学内容。根据课程的性质和学习目标，教师需要进行选择和设计，确定哪些部分适合作为翻转课堂的内容。在实际应用中，选择重点或难点内容进行翻转课堂更为可行，因为这样可以更好地引导学生独立学习和思考，提升他们的学习效果和能力。

为了提高翻转课堂的效果，学生可以通过个人独立学习或小组合作学习的方式进行翻转课堂的准备。教师可以提供吸引学生兴趣的学习资料，激发他们的学习动力和自主学习的能力。学生在翻转课堂的准备过程中，可以通过阅读、观看教学视频、解决问题等方式提前了解和掌握相关知识，为课堂上的互动和讨论做好准备。

综上所述，翻转课堂具有许多优势，但实施翻转课堂也面临一些挑战。教师需要具备相应的知识和组织能力，学校需要提供培训与支持，学生需要适应学习习惯的转变，课程选择和内容设计需要考虑课程的性质和学习目标。通过克服这些挑战，翻转课堂可以为学生提供更加个性化和互动的学习体验，提高他们的学习效果和学习能力。

### （三）翻转课堂的教学设计内容

翻转课堂的教学设计需要综合考虑教与学的不同维度，包括活动设计、任务设计和角色设计等。在课前，教师需要进行前期分析，确定教学内容和目标，并设计相应的教学策略和评价方法。翻转课堂的教学设计可以划分为课前、课中和课后三个环节。在课前，教师需要总结上次课堂，设计线上学习活动，并收集学生学习情况。根据教学进度和学生情况，教师确定本次课堂的教学目标和翻转课堂活动。

在课中，教师和学生共同参与翻转课堂的活动，通过个人或小组活动实现教学目标。针对需要进行实践操作的内容，可以在课堂中进行实验课或使用在线虚拟仿真软件进行实践训练。实验课可以设置实践操作练习、小测试和指导，评价可以通过作业和竞赛形式进行。在教学设计中，还要考虑成绩的汇总和学生的评价。将实验训练设置为作业，并设置竞赛奖励优秀学生，可以激发学生的学习兴趣和积极性。此外，在实体实验室课上，可以安排小测试，配合虚拟仿真实验平台进行在线实验和自动评分。

教学设计的最后一步是对整个过程进行总结和评价。教师应该综合考虑学生的学习情况和反馈，对教学效果进行评价和改进。教师可以通过课后调查问卷、小组讨论和个别面谈等方式收集学生的意见和建议，以便不断优化翻转课堂的教学设计。同时，教师还应该关注学生成绩的汇总和分析，及时了解学生的学习进展和掌握程度。通过评价和反馈，教师可以对自己的教学方法和策略进行调整，不断提升教学质量。

综上所述，翻转课堂的教学设计涉及课前准备、课堂活动安排和评价反馈等多个方面。教师需要综合考虑教学目标、学生特点和教学资源，制定相应的教学策略和评价方法。同时，教师还需要关注学生的学习情况和反馈，不断改进和优化教学设计。通过科学合理的教学设计，翻转课堂可以有效提升学生的学习效果和参与度，实现教与学的良性互动。

## 二、基于翻转课堂的高校混合式教学模式构建

下面以高校英语为例，阐述基于翻转课堂的高校混合式教学模式构建。

### （一）翻转课堂的教学体系

#### 1. 翻转课堂教学的学习环境

"随着我国信息技术的飞速发展，教育信息化程度也越来越高。"[①] 翻转课堂需要由网络学习平台和学生学习终端组成的网络学习环境的支持。网络

---

① 陈小莹. 智慧教学视域下西藏高校混合教学模式构建探索——以计算机实践课程教学为例[J]. 西藏教育，2020（4）：14.

## 重构高校教育教学形态：混合教学模式的探索与实践

学习平台主要提供教师个性化推送和学生自主性选择学习资源、学生学习和在线测试数据收集和分析、师生和学生互动交流信息等功能。这是实施翻转课堂教学最基础的环境。学习终端，主要是支持学生的微视频学习、在线测试和网络交流等功能。

### 2. 翻转课堂教学的具体应用

近年来，文化教育开始强调"文化知识"和"文化素养"，进入了语言与文化并重的教学实践阶段。文化的复杂性是跨文化教学与语言教学最大的区别，在英语课堂上没办法操练和检验学习者的跨文化意识和能力，所以需要教师花很多时间讲解文化知识。为了解决这一问题，可以利用翻转课堂的模式，给学生足够的时间理解和消化。下面探讨高校英语翻转课堂教学中文化相关内容的应用：

（1）课前知识准备。教师制作的每个课件尽可能控制在 5～10 分钟左右的讲解时间，制作成课件演示文稿，配以语音讲解，教师录制播放，播放课件时，即屏幕捕捉软件，选择一款录屏软件，教师可以把以上内容进一步细化为若干个知识点。也可通过网络资源搜索相关视频短片供学生课前学习和讨论。一些英语词语意义及文化特殊性等，教师可以要设计一些问题给个人或学习小组，学生可以通过微信，或腾讯 QQ 等向教师或同学随时提出。

（2）课中教学活动。对语言知识或文化的讲解，不再是课堂学习中的教学重点。教师对学生的课堂表现进行形成性评估，课堂内各种互动的课堂活动可以帮助学生对文化知识的吸收内化。教师在课堂上加深他们对文化内容的理解以及内容的内化，引发学生积极的思考，组织活动，对课前收集的问题进行针对性讲解，教师的角色是组织、协调、答疑。针对教师所提出的有关中英文化英语表达等问题，能帮助他们知识的内化和实践，提高学生学习的兴趣，鼓励学生用英语进行交流，创设一些具体的情境，教师可以运用情境教学法，或者针对某一问题进行小组讨论，在课堂上个人或小组用课件演讲展示，这些活动任务必须在微课视频里提前布置，最后教师再点评。

（3）课后延伸学习。课后的阅读是必不可少的，历史文化背景和价值观是一个跨文化现象背后反映出的，需要学生深入思考和领会。教师布置相关主题的实践与扩展，例如，中国文化的主题和西方人交流等，学生自主搜集资料，课后扩展任务包括扩展阅读、专题写作等，教师点评，或者组员之间进行互评，这类应有的课后语言文化实践，具有十分重大的作用，能够帮助学习者增强语言综合应用能力和提高跨文化交际能力。

### (二)基于翻转课堂的混合式教学模式构建实践

#### 1. 基于翻转课堂的混合式教学模式构建意义

如今,"互联网+"时代已经到来,随之将发生教学变革,在教学中,将智能化的技术手段引入进来,师生关系趋于平等,而且对学生的个性化学习需求,以及在线学习格外重视。然而,这也不足以说明"互联网+"适用于任何学习,传统课堂教学也有其不可替代的作用。因此,教与学便向混合阶段迈进,融合线上线下的混合教学模式成了高校英语教学的主要模式,这种模式有利于发挥教师的主导作用,从根本上满足学生自主学习的需求。

近年来,我国新兴的教学方式主要有微课、慕课、翻转课堂等,通过大力推广这些教学方式,混合式教学真正成为"互联网+"时代的一个最为有效的教学模式。概括而言,翻转课堂理念的本质就是颠倒传统教学中传授和内化知识的过程,围绕学生展开教学、学生间互动得以加强,进一步发挥学生的主观能动性。总而言之,在当前的混合式英语教学过程中,要一直贯穿翻转课堂理念,这样才有利于改变学生以往单一的学习方式,对英语知识学习产生更大的兴趣。

#### 2. 基于翻转课堂的混合式教学模式创新构建

(1)教学设计模式。"讲授重点、在线自主、小组合作、答疑解惑、实践评价是翻转课堂混合式教学的主要步骤,教学思想以学生为中心,培养其语言应用能力、跨文化交际能力等,更好地引导学生自主学习。"同时,还要注意以下方面:

第一,线下对课程的答疑、指导以及评价必须要结合线上自主学习;第二,翻转课堂要全面结合互动性面授,两者要进行有机结合;第三,学生的实践操作活动要充分结合教学设计的部分。高校英语教师在英语教学中,应明确教学目标,教学内容要具有合理性,同时也要制定完善的教学大纲,使翻转课堂的混合式教学得到顺利开展。另外,教师在课前需要做足导入工作,在课堂学习过程中需要导入的内容有很多,例如,学习软件、App 内容、视频、音频、网络课件等,从而使学生高效完成自己的学习任务。设计课堂教学活动时,自我评价是其中的一个重要任务。

另外,教师的基本着手点包括:①利用线上网络平台,给学生布置有针对性的课后作业，将有用的学习资源提供给学生，还要针对学生的问题给予解答，认真检查学生的作业，对学生学习的整个进程应该时刻进行监督。加强与学生之间的交流和讲授重点、难点是教师教学的重心，所以教师要注重角色的及时转变，充当导演或教练；②利用线下英语课堂，学生就可以将自己的学习成果展示出来，一起讨论、互评、自评，在这种情况下，就促进了自主化与个性化的教学模式形成。

（2）跨文化交际能力。高校英语是高校一门重要的人文课程，对人才培养具有重要意义。因此，高校应秉承"以人为本"的教育理念，重视培养人的综合素质，还要将社会主义核心价值观真正地融进英语教学中，确保高校英语的工具性和人文性两个方面得到有效统一。语言作为文化的载体，更是组成文化的一个主要部分。如今，高校英语的工具性已被认可，但是其深层目的则是要加强对学生的英语语言应用能力的培养，确保学生在今后的学习和工作中可以用英语交流。所以，对于高校英语教学而言，仅仅是促进学生听、说、读、写、译等水平的提升是远远不够的，还需要引导学生对语言背后承载的文化信息进行掌握，这才是重点所在，要让学生更加了解中西方文化以及世界观的差异性，促进他们跨文化意识的提升，此举也有利于交际能力得到进一步提高。

（3）进行课程设计。高校英语对高等教育而言意义重大，英语教师先要将课程设计做好，以便学生能深入理解所学的知识，提高他们的英语写作能力及阅读能力，能用英语进行交流。课程开始之前，教师可以让学生根据微课视频中的内容去模仿或学习，以小组合作模式为基础，学生之间进行交流和探讨，在这种轻松的氛围中有利于不断地提高教学质量。

因为高校英语中所包含的理论知识较多，而且这些知识也比较复杂，学生会觉得厌烦，所以教师要结合实际的教学内容和学生的兴趣特点，进一步加大训练力度，积极开展混合式教学，便于学生记忆与理解英语知识。如果是较为分散的知识点，同时又涉及很多复杂的内容，这时就有必要利用混合式教学模式，通过结合翻转课堂，使教师在课堂讲授时能将更多的网络资源提供给学生，学生对英语基础知识加深理解，并及时进行巩固和掌握，最终获得令人满意的教学效果。

（4）教师职业素养。教师的职业素养对教学效果起着决定性作用，基于翻转课堂的高校英语混合式教学需要教师付出更多的时间和精力，还要求他们具备信息化能力，这就增加了教师的压力。基于此，高校英语教师就要将大数据结合运用起来，重视自身的教育技术能力的提高，也要不断地提升信息素养。英语教师在进行课堂面授之前，必须以教学目标和实际的教学要求为基本依据，将互联网资源有效地利用起来，甄选出那些与教学内容密切相关，并且适合学生能力的微课、慕课、课件等；教师也可以自己制作视频或课件，安排学生在课前就在线上学习完本节课程的内容，课堂上采取多种不同的形式帮助学生内化与吸收教学内容，如项目展示、答疑解惑以及小组讨论等。由此可见，翻转课堂要求英语教师必须提高信息化能力水平，有视频编辑能力、信息检索能力以及处理图片的能力。

（5）个性化教学。和谐与民主是个性化教学过程中体现出的关键特征，教师应坚持"以人为本"的教学理念，能根据学生的情况来提供科学合理的教学方案，充分体现民主性。尽管学习语言的能力和语言辨认能力是每个学生都具备的，但是他们掌握的英语知识程度是不同的，所以教师就必须在翻转课堂上开展个性化教学，从而将混合式教学的独有优势发挥出来。

在教学过程中，可以遵循：①在英语课堂上，教师要布置好相关问题，而学生则是通过微课视频等对这些问题进行相应解答，这就可以对学生掌握英语知识的程度加以检验，也能判断出微课视频的学习效果；②利用小组合作学习这一形式，学生代表对问题的答案先进行陈述，之后由教师在一旁对其作出补充说明，促进课堂教学效果得到提高；③教师以合作学习的形式作为基础，对学生实行个性化与探究性教学，调整他们的学习心态，引导他们在课堂上敢于提问，在实践过程中将问题彻底解决；④教师应该多与学生交流，摒弃模具化培养方式，突出个性化培养要求，只有这样学生才能实现全面发展。

# 第三节  基于 SPOC 的高校混合教学模式构建

SPOC 教学模式是后 MOOC 时代的产物，其融合了实体课堂与在线教育的混合教学模式，因契合现阶段学情，近年来受到广大高校的普遍关注。

## 一、SPOC 课程的开发流程

对于 SPOC 课程的开发，按其构成部分而言，其中课程相关介绍主要是由 SPOC 课程平台提供相应的功能，在创建 SPOC 课程时，授课教师在

SPOC 课程平台上填写课程的相关介绍内容即可。学习支持部分也主要是由 SPOC 课程平台提供相应的功能，在创建 SPOC 课程时，开启此部分的功能，在课程进行中，为学习者提供学习支持即可。学习活动主要是学习者在课程学习中的行为，不需要授课教师提前开发。SPOC 课程的开发，主要是对学习资源部分的开发，微视频是 SPOC 课程中一种主要的学习的资源，这里主要对微视频的开发进行详细的探讨。

### （一）SPOC 课程开发前期的准备

微视频的分镜头稿本制作微视频、是体现微视频设计的脚本和主要依据，微视频分镜头主要包括时间、备注、音乐、解说词、画面内容、景别、镜号等内容。镜号是每个镜头的序号，景别由远到近分别是：远景、全景、中景、近景、特写等内容。全景镜头一般用于表现人物的全身动作或者场景的全貌，可以在微视频演示动作技能时从整体上、宏观上展现动作；中景镜头画框下边卡在膝盖左右部位或是场景局部的画面可以更好地表现人物动作、身份、关系等，可在微视频中用中景的镜头表现人物之间的对话。近景镜头可以在微视频中穿插教师的近景镜头，其拍摄的是任务胸部或者物体局部以上的部分，从而使学习者感到亲切，产生和教师的亲近感；特写镜头用于表现局部，可以在微视频演示动作技能时展示动作的细微之处。在确定了微视频的录制方式之后，就要根据确定好的微视频录制方式进行相应的录制环境的创建，调整好话筒、灯光、音响等辅助设备，做好录制微视频的前提准备工作。

### （二）SPOC 课程的录制

在选择好课程视频需用的方式之后，将前期的准备工作做好，就可以按照设计的微视频分镜头的脚本进行微视频的录制工作，从而获得微视频的原始素材。在录制微视频时，要注意减少一切噪声，注意保持录制环境的安静。要防止将无关拍摄内容的人或者事（如本镜头以外的录制设备、其他的工作人员等）拍摄到镜头画面中。在课堂授课中，教师的口头禅和口语化的内容等不适宜出现在微视频的录制当中，所以讲课教师在录制微视频时要特别注意自己的一言一行。值得注意的是，教师录制的微视频的原始素材要做到声音大声清晰、主题要突出、画面内容要清楚。

微视频的录制方式，需要不同的录制人员配合完成录制的工作。例如，演播室录制式，这种录制的方式相对而言复杂一点，需要由多个镜头同时录制，授课教师在录制微视频的时候需要与其他的工作人员共同合作完成。如录屏式微视频的录制方式，在做好前期准备工作后，在录制微视频时，授课教师就可以单独完成微视频的录制工作，这是因为这种录制方式相对简单，授课教师不需要其他的协助自己一个人就可以完成录制的工作。此外，也可以选择专业是视频制作公司来合作一起完成微视频的录制，也可以由课程授课教师团队分工合作来完成。

另外，为了方便学习者的学习，在编辑 SPOC 课程微视频的时候，可以为微视频添加相关的内容字幕。为了增强微视频学习时与学习者的互动性，可以在微视频中，添加相应的测试题，还可以起到测试学习者学习效果的目的。为了丰富微视频的内容和体现微视频的完整性，可一个微视频添加相应的片头片尾，片头片尾可以添加适当的背景音乐，还能起到减少微视频枯燥性的作用。最后，要注意的是，要将编辑好的微视频成品输出并保存好。

### （三）SPOC 的课程创建

SPOC 课程开课后，讲课的教师按照教学的进度将习题库、课程的微视频等学习资源上传到 SPOC 课程平台，设置讨论区的话题内容等。在 SPOC 课程开课前，授课教师在 SPOC 课程平台里添加课程的相关介绍，如课程考核方式、课程大纲、授课教师简介、课程简介等内容。SPOC 课程的创建，主要是依靠 SPOC 课程平台提供的教师开课功能。

## 二、面向混合教学的 SPOC 课程模式构建

### （一）混合学习对 SPOC 课程的设计要求

混合学习的目的是促进学习者的深层学习，最终达到改善学习者学习的目的。混合学习有着坚实的理论依据，如梅瑞尔的建构主义理论、首要教学原理等。因此，在设计面向混合学习的 SPOC 课程时，需要使课程资源多样化、教学内容要适度分解、学习支持要到位，要充分体现学习者的主体地位等，这是因为要考虑到混合学习对其的基本要求。

#### 1. 教学内容适度分解

SPOC 课程主要是通过微视频来表现教学内容的，这和首要教学原理中的展示原理不谋而合，都是将新的知识通过合理恰当的方式展示给学习者能够促进学习者的学习。由于微视频的长度是有限的，在一段微视频中限制了

教师想要表达的教学内容的数量,因此要将教学内容进行适度分解。在适度分解了教学内容之后,再通过短小精湛的微视频将其呈现,这样既体现了斯金纳提出的程序教学法里的小步子教学原则,又照顾到了学习者的在认知方面的负荷和能力,更加方便了学习者的学习。

## 2. 课程资源个性多样

课程资源的个性化和多样化分为内容的多样化和形式的多样化。内容的多样化是指课程资源不仅包含课堂教学的内容资源,换言之,就是课内资源,也要涵盖一些课外的相关资源。这是因为课内资源是学习者课程学习的主要内容和形式,课外资源则可以扩展学习者的视野,将学习者的阅历丰富化等。不同形式的、多样化的课程资源,不仅体现了个性化教学,提高了学习者的学习效率,还丰富了课程内容,也有利于学习者选择适合自己学习的自愿形式。形式的多样化是指 SPOC 课程应该有其他形式的课程资源,而不只有微视频这类学习资源,例如表格、图片、动画、文本、音频等。SPOG 课程有必要设计丰富多彩的课程资源的原因是,构建主义理论强调知识是学习者在一定的情境下,利用必要的学习资源和学习材料,通过意义构建的方式来获得。

## 3. 学生主体位置凸显

学生是学习的主体位置,课程的设计主要就是为学生设计的,因此课程的设计要以发展学生的高阶思维能力为目标。主要发展学习者的创造、评价、综合、分析等高阶的思维能力,通过情境化、问题化、任务化等形式来促进学生对相关信息进行整合,在解决问题的过程中实现知识的迁徙应用和重新构造,体现了学习者的主体地位,促进了学生的深层次学习。

## (二)面向混合教学的 SPOC 课程设计实践

### 1. 面向混合教学的 SPOC 课程设计要求

(1) SPOC 混合教学模式的实施需要依靠一系列条件。SPOC 混合教学模式的可实施性,需要从课堂教学方法、信息化手段、数字化资源等方面着手,以教学模式和学习方式的创新为核心,以优质的在线课程资源建设为重点,建立基于 SPOC 的混合型的教学模式。其具体的形式,可以根据教学过程中的实际情况来选择。例如,根据课程属性和教学特性,可以基于二者构建出一个二维的空间,用二者表示出两个垂直的方向,由此形成新的学习模式和框架,在此框架下,分别存在基于 MOOC 的线上教学、翻转课堂等形式。这

## 第三章 高校教育中混合教学模式的形态构建

样在教学实践过程中，就可以根据教学的实际情况，来选择MOOC或者翻转课堂等不同的形式。

（2）促进教师提升教学技能并转变教学观念。无论是从客观方面还是从主观方面，改革都是大的趋势，教师都应当转变教学理念，提升利用现代化、数据化的工具的教育能力。为了促进SPOC混合教学方法的改革，必须要加大教师的培训力度，因为教师的综合能力的提升对于增进教学的成果有着至关重要的意义。我们可以采取SPOC混合教学形式的竞赛、教研室集体制作课程、优秀教师示范引领、循序渐进地开展专家传授等多种形式，加强教师相关能力的培训，还可以定期组织一批学校的教师到校外去参加一些现代教育技术的培训，从而深化教师对现代教育工具的掌握和认识，这样不仅能够最大程度促进线上线下混合教学法的应用，还对提升现代化教育技术的运用能力大有裨益。

（3）教学效果的评价方式包括定位性评价、形成性评价以及诊断性评价。SPOC混合式教学模式的教学效果评价与传统教学评价侧重点有所不同的是其是面向学习过程的评价，而非单纯的对结果的一种评价。随着我国教育改革的进行，教学改革的目的将重心放在挖掘和发现学生的各项潜在能力，帮助他们发现自我、提升自我、调整学习习惯，而不再仅仅是单纯的为学生接受理解教学的内容。混合式教学的优点在于教学过程全程是有据可查的，会采用考试评价（线上线上）、过程评价（线上到课率、讨论参与度、作业完成率）、实践考核（线下考核）方式进行综合评价，并且注重对教学的各个环节作出统计和分析，尤其可以通过统计分析出学习者的积极性、主动性的数据以供教师参考，以便于教师随时调整教学侧重和教学内容。

（4）采用SPOC混合教学模式，要求教师投入大量的精力和时间对课程进行维护和建设，在掌握一定的信息技能的基础上，加快对SPOC混合教学模式的普及和运用。如果想要加快这一操作，学校要给予各个行为主体以足够的鼓励和引导，因为在教育领域内，最源头的动力和力量还是在学校的一个推动和倡导。例如，我们可以根据劳动的多获得也多的原则，制定相应的多付出劳动的教师在职称、评分、津贴等方面予以相对应的提升，这将再度激发教师们可持续的混合式教学模式的组织或者参与度；从教育教学评价着手，形成混合式教学与传统教学的对比，用这种方式来激励授课教师更加重视混合式教育教学的学习和应用；还可以从建立一定的规章制度等规范教学上着手，来制定一定的课程规范标准的过程管理。最后，需要注意的是，可以引用大数据作为标准，得出令人信服的分析结果，从而形成一定的内化的驱动力，影响广大教师对 SPOC 混合教育模式的使命感和认同感，进而全面提升广大教师的积极性和主动性，最终达到提高教学效率和教学质量的终极目的。

（5）不断完善网络教学的设备和网络设施，加大资金的投入力度，大力支持学校各项教育教学目标的改革，提高教学设施的完善率和革新率。与此同时，还要注意加强学校软件建设，为混合式教学模式提供一定的资源支持和软硬件支持，具体的项目包括引入商业机构开发优质的教学资源、引入免费课程资源、软件应用培训以及平台的不断完善搭建等。

总而言之，SPOC 是基于 MOOC 模式的混合式教学，它使课程要素完成了融合与重构，它整合了网络资源和校本资源，SPOC 混合教学模式的研究对提升高校的教学效率和教学质量有着重要的意义。

### 2. 面向混合教学的 SPOC 课程设计实施

下面以小学教育专业《现代教育技术》课程的第四模块多媒体课件设计与制作为例，阐述面向混合教学的 SPOC 课程设计实施：

（1）课程目标。

第一，知识与技能：掌握多媒体课件的内涵、教学功能、制作过程和制作技巧。

第二，过程与方法：通过优质教学课件的展示与分析，使得学习者明晰多媒体课件的四大教学功能；通过在线调查问卷的填写，及时摸清学习者现有制作多媒体课件的水平，以及想要达到的能力水平。

第三，情感态度与价值观：通过对多媒体课件理论与实践认知的深入，意识到优质教学课件有效助力课堂教学、优化教学效果，起到提质增效的作用。

（2）混合式 SPOC 教学改革设计。

基于 OBE 理念的以生为本，采用案例教学和任务驱动教学方法，通过超星学习通发放调查问卷、现场回收及数据分析，及时明晰学习者对多媒体课件的掌握情况、制作水平、需要提高的能力，以学习者分析结果调整教学内容以及教学策略，以期优化教学效果。

（3）实施过程。

第一，利用超星学习通进行二维码签到，满勤参与课程教学。

第二，按照课程结构进行课堂导入——课件制作篇，并且说明学习此模块后需要完成的任务。

第三，新授多媒体课件教学内容：①依据前期对多媒体课件的接触，谈谈你对多媒体课件的理解（利用学习通进行选人回答）。②根据学生回答，进行引导和归纳。多媒体课件的内涵：通过辅助教师的"教"或促进学生自主地"学"来突破课堂教学中的重点、难点，从而提高课堂教学质量与效率的多媒体教学软件。随着讲解依次展示呈现相应教学内容；多媒体课件的教学功能：突出教学重点、化解教学难点、显示教学要点、设置内容支点；多媒体课件的类型：根据使用环境分类、根据使用对象分类、根据内容与作用分类、根据表现形式分类。③观看小学数学课件案例《乘法初步认识》和小学语文诗朗诵课件案例《我骄傲我是中国娃》，结合以往的经验与课堂所学，谈谈对多媒体课件制作的新的启示（利用学习通进行选人回答）。④引导出设计与制作多媒体课件的过程：确定主题、分解内容、构思细节、设计制作；常用多媒体课件制作工具：PPT、Flash、Authorware。⑤学习制作技巧之前，学生通过超星学习通填写调查问卷《多媒体课件使用情况调查》，投屏查看统计，分析与记录学生对PPT制作多媒体课件的现有能力，以及所需的制作技术，与教师预设教学内容进行融合讲解。⑥分享PPT多媒体课件的制作技巧与艺术提升。

（4）教学成效。

首先，学生通过超星学习通的二维码签到、选人及调查问卷填写，课堂形式多样，对课程内容学习兴趣浓厚，对课堂互动的参与度高达100%。

其次，通过问卷填写真实了解学生现有水平，体现OBE教学理念的以生为本，根据学生需求与预设教学内容进行融合，更有针对性，激发学生内在学习驱动力。

最后，线上优质课件的展示与线下交流研讨，让学生在互相观摩、点评过程中学会发现和反思，通过持续改进的方式培养学生的高阶思维。

# 第四章　高校混合教学模式与不同学科的融合

随着教育技术的不断发展，混合教学模式与不同学科的融合，已经成为当前各大高校的主流教学模式。基于此，本章主要探讨高校混合教学模式与文科融合案例、高校混合教学模式与理科融合案例、高校混合教学模式与艺术学科融合案例。

## 第一节　高校混合教学模式与文科融合案例

"新文科建设背景下，高校课程体系建设和教学模式改革的迫切性日益提升。"[①] 下面以高校语文学科为例，阐述高校混合教学模式与文科的融合。高校语文课程教学内容可以仍以经典篇目鉴赏为主，可以通过网络、慕课提供更多可供选择的教学内容，让学生根据自己的兴趣爱好选择。教学形式上可以采用线上线下混合教学模式，通过自主学习、探究式教学提高课堂教学效果，提高学生学习主动性，培养综合型人才。课程采取以"学生为中心，知识为中心"的教学方式，借助当前信息时代网络技术的发展，从内容上吸引学生兴趣，教学方式以线上线下模式提高课堂教学效率，改善课堂教学效果。

### 一、采用线上线下混合式学习的方法

线上线下混合教学模式是随着网络科技的发展应运而生的教学模式，是

---

① 刘欢. 新文科背景下《财务报表分析》课程体系建设与教学模式改革研究 [J]. 商业会计，2022（22）：120.

指将网络学习与传统学习结合起来，采取互联网远程在线教学与传统线下课堂教学相结合的方式进行学习，实现"教"与"学"的角色融合，实现教学的开放性和便捷性，丰富线上教学资源和线下课堂互动的教学优势。

教师可根据学校课程要求和教学安排，制订教学篇目计划，划出大致的选择范围。另外，教师可以按照自己的教学安排，布置任务单和思考题，让学生自己选择线上内容进行课前学习，这种线上学习不仅仅是预习，也是学生自主学习的过程，在任课教师教学计划的引导下，理解学习要点、撰写学习感受，激发学生的学习自主性，在学习的过程中产生的问题，以便在线下课堂进一步与教师同学交流探讨。这种线上预先学习的方式使学习内容和学习地点更具灵活性，学生可以选择自己感兴趣的名师名家名篇进行多角度的学习，通过初步的线上学习之后，每个学生都先具备了较好的知识基础，再走进线下教学课堂。因此，师生在面对面的线下教学活动，就可以实现更加有深度的教学目标，从而促使绝大部分学生深入学习。

## 二、线下教学以答疑与探究式学习为核心

经过线上的初步学习，线下面对面课堂的授课内容和授课方式都会产生一定的变化，这是新形势下教师面临的新挑战。

第一，学生可以进行学习汇报，对已经通过网络课程自学过的内容进行要点概括，主题总结，教师采用提问的方式进行知识点检测。

第二，学生通过网络学习过程中遇到的问题和疑点逐一提出来，结合课前布置的学习任务，学生之间一起研讨，教师参与指导、引导学生讨论交流、思考总结。同时，教师对学生提出的疑问进行疏解，并对重难点进行解析，进一步增强学生对教学内容的理解。

第三，针对学习内容，引导扩展阅读。文学作品往往具有时代性，通过对一篇作品的解读可以引导同学们引起相关的兴趣，或进行对比阅读，或进行深入扩展阅读。文学的扩展阅读有利于引起同学们深入学习的兴趣，促使学生更好地理解作品，加深对于所学知识的理解，进而发掘自己感兴趣的知识，进一步自主学习。

## 三、对学科的教学内容进行创新

语文学科课程以提高学生文学素养为宗旨，具有精神引领的特性，是中华优秀传统文化的最佳承载体，通过课程学习让学生在耳濡目染中形成良好

的思想政治素养。通过文学经典的学习，理解诚信与道德的重要性。"立德树人"的观念，在经典文学作品中时有体现，它也是课程思政的本质，引领学生从作品中领略传统文化，感受经典文学的风采。例如，语文课程学习可以在对经典作品的赏析中，融入诚信与道德的教育，引导学生认识诚信的重要性。

总而言之，语文学科的课程改革还需要构建成熟完善的师资队伍建设机制、教学激励机制、学生考核评价机制等，以推动课程线上线下混合教学向更广阔的范围、更深入的程度发展。教师在教学过程中，需要关注学生的个性发展，处理好线上教学内容体系与线下教学内容体系的有机衔接，避免线下实体课堂与线上课程教学内容的简单重复，强调学生综合素质和能力的课程考核方式能够适应应用型人才的培养，必将受到学生的欢迎。

## 第二节　高校混合教学模式与理科融合案例

"作为高校教学改革的重要方向，混合教学模式现已成为高等教育研究领域的热点。"[①] 下面以高校物理学科为例，阐述高校混合教学模式与理科的融合：

### 一、高校物理学科混合式教学的具体内容

#### （一）高校物理学科混合式教学开展的线上内容

1. 开设和实验项目相关的内容

（1）实验涉及的主要理论：把开设的实验项目中涉及的理论知识进行演示文稿的讲解，上传"雨课堂"或者"学习通"便于学生移动学习。

（2）实验内容及要求：在"雨课堂"或"学习通"发布开设的每个实验的实验内容和要求，让学生围绕其开展预习。

（3）仪器介绍和操作示范：在"雨课堂"或"学习通"发布实验所用仪

---

① 翟苗，张睿，刘恒彪. 高校混合式教学形成性评价指标研究 [J]. 现代教育技术，2020，30（9）：35.

器的介绍，便于学生在实验前了解仪器的结构、设计思想、使用的注意事项等。

（4）实验预习测试：利用"雨课堂"或是"学习通"发布每个实验预习测试，其中全班同学发布可以选用"雨课堂"或是"学习通"少数学生发布时建议采用"学习通"发送。

2. 呈现和实验相关的趣味故事

将实验仪器或是实验设计思想的故事，在"雨课堂"或是"学习通"中给学生呈现出来，利于提高学生的人文素养，同时也能开展课程思政。

（1）仿真实验：建立了仿真实验平台，让学生利用仿真实验实现提前感知实验现象或是实验中不能实现的一些现象，并拓宽学生的视野。

（2）科学软件：帮助学生利用科学软件高效地对实验数据进行分析，找出形成误差的主要原因，锻炼学生分析解决问题的能力和提出问题的能力。

（3）利用微信或是腾讯 QQ 建立课程群：方便学生与学生之间，教师与学生之间及时沟通。

（二）高校物理学科混合式教学开展的线下内容

第一，分层循环开设实验：根据实验室的仪器和参考教材把实验室能开设的实验进行分层，共分为基础型、提高型、创新设计型和仿真实验四个层次。在基础型和提高型中又分为必做和选做两类，学生可根据自己的兴趣和意愿，在选做项目中选择喜欢的项目。实验循环开展，学生分组进行实验。

第二，指导实验操作的过程评价：在第一轮实验中，教师指导实验的具体过程偏多，第二轮、第三轮实验中教师旨在帮助学生解决问题，实验结束后对学生的操作进行评分。

第三，使用科学软件分析实验结果：实验结束之后，学生根据实验的实际情况利用科学软件，对数据进行处理和误差的分析。

第四，全天候开放实验室：在上课期间，实验室开放，学生可以与实验室管理人员预约到实验室进行预习，也可以做完实验后，再次进入实验室解决遗留问题。

## 二、高校物理学科混合式教学的具体实践

实施在线教学，涉及在线课程资源建设，以及在线课程教学管理两个方面。通常意义上的在线课程可以等同于网络课程，它是针对网络环境下的教学，其课程建设既要考虑计算机、多媒体、网络等技术设施对教学方式的支撑作用，

重构高校教育教学形态：混合教学模式的探索与实践

也要兼顾经过数字化处理，可以在多媒体计算机上或网络环境下运行的各种用于教与学活动的信息资源。对学习者实现知识架构、系统理解掌握学科知识的需要。

目前较为常见的网络学习资源主要有微课、网络课件、虚拟仿真教学资源等，其主要特性为：①资源共享性；②形式多样性；③双向交互性；④内容生成性。

网络学习资源在网络课程中的作用表现在：①有利于学生自主学习；②有利于教师创设情境；③有利于师生互动交流；④有利于教育社会化的实现。

基于 SPOC 的高校物理混合式教学模式，因其以翻转课堂为主要教学方式，所以在线课程不能与慕课相同，将传统的课堂教学过程直接放到网络上，其重要的是：要利用线上教学、线下讨论的各自优势，针对不同的教学环节合理划分线上线下的教学资源，重构课程教学内容。其中，微课程建设是任何一个拟开展混合式教学的教师所必须进行的工作。

### （一）制作在线课程的资源

线上教学资源包括教学目标、教学内容以及相关的小测试、单元作业等。目前，各大在线教育平台上的在线课程资源均以微课程为主，通常由网络教学环境、课程教学主体内容、辅助学习富媒体、课程评价等多个模块组成。相对于传统的课堂教学模式，混合式教学模式中的在线教学资源建设，教师要重点做的工作是录制教师讲授课程知识的教学微视频。在线资源的质量直接影响在线教学效果，而在线资源质量的高低却与教师教学的业务能力有着密切的关系。另外，微视频的质量还和制作技术有关，教学视频的来源可以是课堂教学录像剪辑、通过录屏软件制作、专用教室录像剪辑、虚拟教室等，这四种模式是目前国内教学视频的主要模式。其中，利用录屏软件制作教学视频，相对成本较低，后期制作也比较简单，成为在线视频制作的最主要的形式。

第一，在录制教学视频时，应先根据教学要求，梳理教学内容的知识点与知识框架，根据知识框架，确定教学内容的重点与难点，在此基础上录制教学视频。教学视频的内容应遵循"高聚焦，低耦合"的原则，视频突出介绍一个知识点，每个视频的长度尽量保持在 10～15 分钟以内，从而方便学生泛在学习的需要。

第二，在制作教学视频时，可以在视频中插入小问题，对应每个微视频设计相应的练习、测试等帮助学生巩固所学内容。对于高校物理教学而言，还可以适当引入演示实验和虚拟仿真实验，增强教学效果。

第三，在拍摄教学视频时，教师可选择出镜或者画外音两种模式，出镜又分为"画中画"出镜和"讲课者与授课板同屏"出镜两种模式。如果只是以画中画形式出镜，教学效果和画外音模式相同，但是，如果教师能够通过手势或者教具指出教学内容的重点，能够引起学生的重视。通过写字板、数位板将教学过程再现，既可以提高学生对视频的关注，也可以提高学生与教师之间的交互数量，如著名的可汗学院[①]就是以这种形式授课的。

第四，在制作教学课件时，可以采用深色背景，避免学生在观看教学视频时引起视觉疲劳。课件中字体和颜色不宜过多，以免分散学生的注意，对于教学过程中的重点而言，宜通过字体或颜色突出。在课件中，不应放置与教学内容无关或关系不大的图片。

### （二）管理日常的在线课程

对于教学过程的管理而言，在课程上线时，应给出课程的教学大纲以及教学要求，包括学生在哪些时间应完成哪些内容的学习，哪些时间要递交作业，以及教学的重点等。对于在线课程平台使用的常见问题而言，可以在讨论区直接回答，方便学生查阅。对于学生提出的质量较高的问题而言，应加以鼓励和表扬，提高学生的学习兴趣。教学团队应安排专人负责在线答疑工作，保证及时回答学生的疑问。另外，在条件许可的情况下，可以采集学生每一次完成测试题目的数据。

总而言之，混合式教学的教学效果与学生、教师以及教学环境有关。对于学生而言，影响学习成效的因素来源于学习动机、知识基础、智力因素与沟通能力；对于教师而言，影响学习成效的因素来源于业务能力和师生交互程度；对于外部环境而言，主要包括环境支持与课业压力。物理学科混合式教学的具体教学实践的成功，需要在多方的共同努力下进行。

---

① 可汗学院（Khan Academy）是由孟加拉裔美国人萨尔曼·可汗创立的一家教育性非营利组织，主旨在于利用网络影片进行免费授课，现有关于数学、历史、金融、物理、化学、生物、天文学等科目的内容，教学影片超过 2000 段，机构的使命是加快各年龄学生的学习速度。

# 第三节　高校混合教学模式与艺术学科融合案例

## 一、混合式教学模式在艺术设计中应用的必要性

在高校教育中，艺术设计专业培养的主要目标就是激发学生的创新意识和创新思维，让学生自身的创新能力和创作能力，能够得到不断加强以及锻炼，促使学生形成良好的视觉美感和设计思维。在实际教学中，应采用更为艺术性和针对性的混合式教学模式，这样才能满足当前高校艺术生的学习需求，让学生能够在混合教学模式下发挥自我、展示自我，使学生自身的艺术潜能得到充分的挖掘，以此培养出更加优秀的艺术设计专业人才。

### （一）艺术设计专业知识更新速度快

在高校教育阶段，艺术设计专业与其他专业科目不仅要与时俱进跟随时代的发展与变动，而且要紧跟行业发展的步伐。艺术设计专业可以说是走在时尚与潮流前沿的专业，其更加注重艺术资源、设计技术，以及时尚流行的发展趋势和变化趋势。艺术设计专业的课程讲解随时都需要变动，应根据当今社会的时尚与潮流的发展趋势，来不断更新讲述内容以及相关的设计类软件。在艺术设计专业中，运用网络技术是具有必要性价值的，其是教师开展艺术设计教学的关键，同时也是学生紧随潮流步伐的重要基础。

例如，在艺术设计专业中，"计算机辅助设计"是一门实践性很强的课程，在学习中，必须注意的环节是掌握基本绘图方法（重点）、提高绘图技能（动手）、提高综合设计能力（实例）。在一节课程中，使用辅助设计软件的时间长达十几分钟，且不同软件的更新换代速度也非常快，致使教师在进行这门课程的讲解过程中，需要拥有极高的空间存储资源。这类软件技能的讲解普遍是在课堂教学中完成，而学生的熟练操控和技术掌握，则多数是在课后进行反复练习，在这样的教育背景下，录制教学视频就显得尤为重要，对于学生课前预习和课后练习而言，都拥有较为重要的意义。

因此，在艺术设计专业中，教师一定要灵活运用网络教学平台，运用网络教学平台的教学性质来完成艺术课程资源的建设与扩展，为相应的专业课

程给予更加充足的空间存储保障,将混合教学模式的价值,充分体现在高校艺术设计的专业教学中。

### (二)艺术设计类课程时长有待调整

混合式教学模式的开展,主要就是建立在学生的预习和复习之中,其课堂教学则主要以交流探讨为主进行学生之间的成果分享,它运用了学生的课前预习和课后复习,弥补了教学时间不足的问题。因此,在高校艺术设计专业教学中,开展混合式教学模式是具有必要性价值的。

### (三)艺术设计专业学生的学习能力有待提高

艺术生通常把更多的精力都放在了艺术特长的学习中,艺术特长的学习占据了学生大量的学习时间,而学生的学习精力是有限的,因此学生对于其他课程的学习效果呈现出现了较为明显的差异现象。而面对这种差异,教师就要结合每个学生的学习能力,开展有针对性的分层教学,运用混合式教学模式的特点,创设丰富的课后复习内容,让学生能够以视频等直观的方式进行反复观看、复习巩固,以补充学生学习能力的差异。

## 二、混合式教学模式在艺术设计中的实践结合分析

### (一)优化技能,构建学生的视觉美感认知

在高校艺术类课程教育阶段,其教学目标和教学需求相对于其他科目而言有着明显的差异,其需要学生具有强烈的艺术感知能力、艺术创造能力以及视觉美感认知能力,是建立在提高学生创新思维能力的基础上实现的教学科目。而学生的这些艺术能力,仅靠课堂教学显然是不足以将其完成的,其需要的是学生的学习时间和积累过程。在运用混合式教学模式的过程中,艺术设计的专业教师可以运用其教学特点创设相应的教学内容,如优质的视频资源、美化的课件等,这种教学模式不仅能够以更加直观的形式加强学生的视觉美感认知,而且能加快学生艺术素养的形成。

### (二)丰富设计资料,扩充学生的美感视域

混合式教学模式具有丰富知识含量的特点,能够有效扩展课堂教学资源,最大限度地扩展学生的艺术视野,让学生能够对艺术的美有着更加深入的理

解与认知。尤其是线上平台的扩充资料，能够提供给学生更加充足的视觉享受，促使学生能够从多个方面、多个角度去掌握、去了解以及去享受艺术带来的美感。同时，运用线上教学平台还能在艺术展览和艺术资料方面形成共享，让学生接受到更为全面的艺术培训，在这种教育背景下，能够有效完成传统教学模式与现代化教学模式的优势互补。

总而言之，在信息时代的教育背景下，教师应充分了解并掌握现代化的教学技术和教学模式，结合当前高校艺术生的学习需求和喜好特点，来扩展自身的教学视野，通过灵活运用网络教学平台的方式，来加强学生的学习效果，同时，还要注重保留传统教学模式的优点，积极与学生进行面对面交流，将现代化教学模式与传统教学模式进行有机结合，运用混合式教学模式来不断优化课堂教学质量。

# 第五章　高校 SPOC 混合教学模式设计与实施

SPOC 是"后慕课时代"的一种教学模式。将 SPOC 教学资源应用于高校课堂等针对特定人群的小环境，可以有针对性地有效开展教学。基于此，本章主要探讨"互联网+"背景下 SPOC 混合教学模式建设、基于超星学习通的 SPOC 混合教学实施、基于 SPOC 的混合教学模式推广与应用。

## 第一节　"互联网+"背景下 SPOC 混合教学模式建设

"以 SPOC 为代表的混合教育模式正在将浅层次、普及化的网络学习模式向深层次、专业化的教学模式推进。"[①]"现代教育技术"是一门教师教育的必修课，也是小学教育专业核心课。专门培养师范生未来从事教师工作必须具备的现代教育观念、基于信息技术的现代教育手段和方法、具有将信息技术与课程整合能力的课程。"现代教育技术"主要通过五大模块进行讲述，具体为现代教育技术概述、教学媒体与现代教学环境、信息化教学资源的获取与使用、多媒体课件设计与制作、信息化教学设计，总计课时为 32 学时。

"现代教育技术"混合教学主要特色：以 OBE 理念为主线，以"学生中心、产出导向、持续改进"为抓手，以课程目标为准绳，重构教学内容体系，

---

[①] 姚林香，周广为. 高校 SPOC 混合教学模式的设计和教学效果分析[J]. 教育学术月刊，2018（12）：92.

确定知识点的案例教学法、模块的任务驱动法以及课程整体的项目教学法，以这三者的"点、线、面"教学方法实施教学内容，构建注重过程性评价的多元评价体系，实现线上教学互动、线上成果展示、线上教学管理以及线上与线下教学内容互补、结合线上与线下教学评价于一体的"现代教育技术"混合教学模式。下面以"现代教育技术"课程为例，阐述"互联网+"背景下 SPOC 混合教学模式建设。

## 一、"互联网+"背景下 SPOC 混合教学模式的教学设计

"现代教育技术"教学面对本科师范生，基于 OBE 成果导向理念要结合社会对师范生和中小学教师教育信息技术的要求进行课程内容的设计。课程内容既要丰富、全面，又要紧跟时代步伐，学习者通过学习可以较好地提升信息技术素养，以便应用于今后的教学实践。

### （一）设定课程目标

OBE 理念的核心是以学生为中心，关注学生的学习产出。《现代教育技术》课程是小学教育专业认证教学能力中对教育技术使用的强支撑，由此设定课程总体目标：掌握现代教育技术的基础知识，能够恰当地运用现代教育技术辅助教学工作，按照小学生认知发展特点和教学活动规律进行教学设计，能够关注国内外基础教育改革的前沿和动态，积极参加专业培训和研讨，制订学习和职业生涯规划。确定课程目标与毕业要求的对应关系，分解每个模块目标，提炼知识点，从而构建线上教学内容的章节框架，共由五大模块构成，分别为现代教育技术概述、教学媒体与现代教学环境、信息化教学资源的获取与使用、多媒体课件设计与制作、信息化教学设计，总计课时为 32 学时。

### （二）确定教学内容

基于线上与线下教学互补互融的特点，依据课程目标和章节框架，重新梳理和分别提炼线上与线下知识内容，按照教学周安排制定线上与线下教学任务，确定内容的教学重点和教学难点（表 5-1）。

## 第五章 高校SPOC混合教学模式设计与实施

表5-1 混合教学模式教学内容的确定

| 章节 | 标题 | 线下学时数 理论 | 线下学时数 实验 | 线上学时数 |
|---|---|---|---|---|
| 模块一 | 现代教育技术概述 | 2 |  | 2 |
| 模块二 | 现代教学环境和教学媒体 | 2 | 2 | 2 |
| 模块三 | 信息化教学资源的获取与使用 | 4 | 6 | 4 |
| 模块四 | 多媒体课件设计与制作 | 4 | 8 | 4 |
| 模块五 | 信息化教学设计 | 2 | 2 | 2 |

### （三）梳理学习资源

线上教学资源是线上线下混合式教学得以顺利进行的重要保障，"现代教育技术"课程线上资源库是以能够让学生带着兴趣主动地进行线上学习、能够较好地进行各项教学互动、能够较全面地评价学生学习情况、能够扩大教学的深度和广度为原则建设和设计的。资源库内容丰富多样，具体组成如下：

第一，文档资源，包括以便学生了解课程性质和教学进度的教学大纲、教学进度表以及方便学生进行自主线上学习的理论和实验等文档资源。

第二，课程视频，是由教师利用录屏软件录制的每章节的教学微视频。在课程视频中，考虑学生学习的持续性和对知识的吸收及消化程度，将每章节的案例根据知识点分解为一个或多个不超过10分钟的微视频，易学、易练习巩固，让学生学习得更加简捷、直观。另外，适当添加一些精品课程、优秀慕课的相关视频。

第三，作业库，包括每节课的课后作业、实验任务及每个模块的任务作业等。

第四，活动库，包括线上线下学生参与互动的测试题、主题讨论、抢答、选人、签到、问卷等活动。在活动库的设计上，既要考虑对教学知识点的巩固，又要考虑如何更好地调动学生的学习兴趣，让其主动、积极地参与其中。

第五，资料库，包括课程软件、案例素材等，方便学生下载、学习。"现代教育技术"线上线下混合教学资源库中，有教师共享资源，也有教师个性化的资源。利用线上平台共享资源，可以使教师避免重复劳动，节约时间；同时，教师也可以利用个性化的资源进行个性化教学。线上线下混合式教学资源库资源丰富多样，不仅要提供大量的信息化学习资源包以供下载自主练习，而且要为学习者提供大量的拓展学习资源以补充线下资源的不足。同时线下课时有限，学习内容较为复杂，要为学习者提供复杂学习内容的视频案例，方便学习者循环播放，作为教师的线上课后指导，从而真正起到了混合式教学的坚实保障作用。

### （四）制定教学策略

基于 OBE 的教育理念，以预期的学习产出为任务展开学习，通过知识点的案例教学法、模块的任务驱动法以及模块间的项目教学法层层递进，实现知识的内化与技能的提升，从而完成最终成果作品，实现线上成果展示。

### （五）多元教学评价

为了多方面、多角度考核学习者的学习态度和学习成果，设为线上评价与线下评价相结合，线上评价占 40%，线下评价占 60%，设置线上评价考核权重：2% 签到 +3% 课堂互动 +35% 作业。每节课发布限时签到，类型有普通签到、二维码签到、拍照签到以及定位签到；根据教学内容采用选人、讨论、问卷等形式进行课堂互动，每个模块都有相应的作业，包括实践报告、信息化教学资源包以及多媒体教学课件。线下评价占比 60%，以项目教学法的整体架构完成信息化教学设计方案以及信息化教学视频的制作。

## 二、"互联网+"背景下 SPOC 混合教学模式的教学活动

OBE 教育理念遵循反向教学设计、正向实施教学。基于此，课题组教师将课程以模块为单位，设置每个模块的学习成果，各个模块的学习成果为层级递进式，如信息化教学资源包为多媒体课件制作的素材，多媒体课件与信息化教学设计相结合形成整体课程的最终项目——信息化教学视频（微课的设计与制作）。

每次通过超星学习通完成线上课堂签到、线上课堂教学互动（例如，课堂讨论、调查问卷、主题选人等教学活动）、线下教学内容的开展以及线上作业的发布与回收等。线下教学注重教学重难点的释疑、头脑风暴的开展以及学生情感的交流，线上教学不仅成为线下教学的辅助和拓展，而且超星学习通录播、超星学习通自主学习和微信学习交流群这三种学习形式以其各自特点及优势构成了空中课堂。在空中课堂配合线下教学，开展以学习产出为

导向的混合教学，每个模块的学习成果紧密相扣、层层递进。在制作与完善项目学习成果的过程中，不仅体现以学生为中心、能够持续改进教学问题，而且提高了学生运用理论知识独立设计与制作的能力、同时将实践内容内化与提升对理论知识的理解和掌握，真正实现了学生能力的本位教育。

### 三、"互联网+"背景下SPOC混合教学模式智慧工具的运用

第一，超星学习通的录播：为了更好地模拟教学、突破重难点，利用EV录屏软件将线下教学的重难点，以教学视频录播的形式呈现于学习通相应的学习板块，可以实现对学生的即时、全方位指导；学生也可以通过手机观看录播，电脑进行实践操作，同时，弥补了线下教学观看和操作不能同时进行的缺憾。

第二，超星学习通自主学习：依据章节框架和学习内容，将自主探究学习的学习资源，以及拓展资源上传至超星学习通平台，包括教学资料和自主练习的课程素材。在完成学习内容的同时，依托学习通平台完成课堂签到、教学互动、成果展示、发布通知、发布作业等多种教学活动，与多元的教学评价相结合，形成完整的教学体系。

第三，微信学习交流群：通过班级微信群与学生取得直接联系，便于通知发布；班级微信群可实时交流答疑，形成线上学习共同体。

由此可见，通过超星学习通的录播、超星学习通自主学习和微信学习交流群构建了线上互动对话学习模式。

### 四、"互联网+"背景下网络平台教学资源建设及利用情况

依据教学内容已经全部完成本课程所有相关资源的建设，包括课程公共资源、信息化教学资源、拓展资源、教学设计、微课和课件，其中信息化教学资源内含图像资源、音频资源和视频资源，图像资源针对专业制作多媒体课件封面。课前利用平台资源进行课前线上自主学习，课上利用学习通网络平台教学资源进行案例分析与演示、下达任务、协助指导，课后利用学习通网络平台资源进行创新型任务的完成。

### 五、"互联网+"背景下SPOC混合教学模式的学习效果评价

第一，学生通过线上与线下教学相结合，对课程学习兴趣浓厚，对课堂互动的参与度高达100%。

第二，通过超星学习通录播对重点学习内容的巩固、自主学习平台进行拓展资源的下载和学习、微信交流群对知识和技能全方位答疑，学生可以根据自己的学习风格进行个别化学习，不仅有针对性他扫除学生理论盲点、提升实践操作能力，而且能够创造性他完成自主学习成果。

第三，讨论话题能够经过高质量的思考后进行回复，并且回复内容能够根据实践操作提出有针对性的教学问题，在不断"研讨—操作—反思"中提炼和总结，线上学生更愿意深层表达、更乐于深度思考，线下结合线上讨论问题，教师有针对性地进行引导、反思和深加工，有助于学习者高阶思维的培养。

第四，线上学生学习成果的展示与线下交流研讨，让学生在互相观摩、点评过程中学会发现和反思，通过持续改进的方式产生高标准、高质量的学习成果。

# 第二节 基于超星学习通的 SPOC 混合教学实施

下面以教师教育课程《现代教育技术》为例，阐述基于超星学习通的 SPOC 混合教学实施：

## 一、教师制作上传课程的视频

学生点开"我的课程"可以看到教师上传的现代教育技术课程，学生既可以在课前通过看视频预习，同时也可以在课后，针对课上没有掌握的现代教育技术知识展开复习。"我的课程"里的教学视频是学生学习现代教育技术的重要资源，为保证教学效果，教师要保证视频质量，同时确保视频内容的合理性。在线下课堂教学开展之前，教师就可以将教学视频上传到"我的课程"中。

以第三模块信息化教学资源的获取与利用中，图像资源的处理与制作"椭圆的性质"一课的教学为例，为了保证线下教学的流畅性，教学视频应包含教学目标、主题导入，以及对本课重点知识的讲解，以帮助学生理解使用 Photoshop 软件制作多媒体课件封面的重要性，为线下课堂实操奠定基础。本课的教学目标是让学生明白通过技术使用优化教学内容呈现与表达的重要性，能够用符合主题的图像素材与技术的结合完美地展现重点教学内容，做到图文契合，点明主题。在课程新授部分，教师可以明确本节课的教学任务，操作演示具体重点、难点内容，提供学生相应的图像素材进行自主探究，避免线下课堂学时的不足。为解决部分学生在线下课堂上没有听懂这一问题，教师可以在课堂上录制重难点知识讲解，以及课堂讨论环节的视频，并将其上传到"我的课程"中，这样学生就可以打开视频反复观看，以达到巩固学习的目的。此外，为了避免教学遗漏，线下教学结束前，教师可以让学生就当节课的学习提出自己的疑问，并且让学生代表将问题记录下来，然后挑选典型问题在下节课统一答疑，如有必要，教师也可将答疑录制成视频，上传到线上平台。

## 二、利用随堂测试优化课堂互动

超星学习通平台中有随堂测试功能，同时还有录屏功能，为增加课堂互动，调动学生的课堂参与积极性，充分体现学生的课堂主体地位，教师要合理利用超星学习通平台中的随堂测试功能。人在学习过程中的遗忘行为存在一定规律，短时间内多次重复可以有效提高学生记忆效率，因此，教师在讲解完某一知识点之后，可以马上用随堂测试来检查学生是否掌握了这一知识点，帮助学生回顾知识点，促使学生在课堂上就将知识掌握好，提高学生的学习效率。

以第五模块信息化教学设计为例，基于教学设计过程一般模式的分析，让学生能够独立设计一节课的教学设计方案。在解惑教学目标编写时，强调ABCD法与内外结合法的编写方式，给出相应内容的测试，让学生充分辨析教学目标编写的重要事项，如依据布鲁姆的目标分类、行为动词的把握、基础教育课程改革的三个维度等，以此充分探讨信息化支持下教学设计的其他相关内容。另外，为了充分利用超星学习通的随堂测试功能，教师还可以根据教学目标设计测试题并上传到平台上，学生直接在平台上做题，教师可以根据平台统计的题目正确率，来了解学生对当堂知识的掌握情况。

## 三、发挥小组讨论在现代教育技术教学中的作用

超星学习通还有"小组"这一功能，教师引导学生创建小组，小组成员可以直接在超星学习通上沟通交流。这样做的好处是：避免学生在用微信等社交软件沟通时受到与学习无关信息的干扰。另外，为了充分发挥"小组"

作用，教师可以申请入组，监督各个小组的交流与沟通行为，发挥纪律维持作用，有效避免小组讨论的无序性问题。

以第一模块现代教育技术概述为例，通过工业革命时期百年前预言今天课堂教学的图片，以及今天的我们预言未来信息化教学的视频案例，来阐述现代教育技术在教育教学领域中进行教学改革的必要性和实现教育信息化的重要性，以此从学科专业角度、教师职业终身学习角度来探究现代教育技术在教学中的地位和作用。学生可以通过超星学习通的小组讨论功能进行自主探究，不仅提升了学生的文献综述能力，锻炼了学生的语言表达能力，而且给予教师和学生深层次交流沟通的机会，实现了学生高阶思维的发展与培养。

## 四、利用录播与直播的方式配合线下教学

录播与直播是线上教学的重要形式，可有效突破课堂教学时间与空间的限制，教师要充分利用超星学习通中的录播与直播功能。首先，在因某些不可抗力因素导致不能开展课堂教学时，线上直播教学可以发挥出重要作用；其次，教师还可以在课堂教学的时间之外，借助直播和录播帮助学生扩展学习。当前，学生虽然具有使用信息技术解决问题的意识，但并不知道把它如何应用到自己的具体学科中，学生在学科与技术无缝融合上缺乏具体操作能力，没有重视联系各学科具体的教学任务，现代教育技术与各学科教育深度融合不够，因此可以通过线上线下的形式来创设问题情境、激发学生学习动机、探究自主学习、利用微课提高学习效率等方面提供技术与学科教学深度融合的拓展教学案例。另外，考虑到可能有学生没有赶上直播，教师可以录屏，将录屏直播上传到线上平台。

## 五、引导学生优化课堂笔记形式

超星学习通有电子笔记的功能，为提高教学效率，教师要充分引导学生利用好这一功能。超星学习通中的电子笔记自带语音输入功能，语音输入的笔记速度比手写快得多，学生可以录下自己在课堂上的发言，也可以录制教师的讲解。例如，在学习音频资源获取与处理这部分教学内容时，教师可以给学生一些时间，让学生录下自己的声音文件，这样学生便可以有针对性地结合教学内容制作和处理音频文件，能够让学生感知音频处理技术的同时感悟技术与内容结合的重要性。另外，超星学习通中的电子笔记还自带相机功能，教师可以引导学生以拍照的形式做笔记，不要用手抄写，从而节约课上时间，

让学生将精力放在听课上，而不是在抄写笔记上。

## 六、对学生展开全面性的评价

为进一步发挥混合式教学的优势，教师还要借助超星学习通做好学生评价工作。首先，超星学习通自带作业批改功能，教师可以根据平台统计的学生的作业表现评价学生的知识掌握水平；其次，超星学习通还有考试功能，学生能够随时参加线上考试，教师可结合考试结果对学生能力进行评估。在课程结束时，教师根据学生课上学习态度、作业完成情况以及考试分数等对学生展开综合评价，学生可以从超星学习通的用户端上，看到详细的评分结果，这能够起到一定警示作用。

总而言之，超星学习通作为一种线上学习与教学工具，在现代教育技术教学中，能够有效解决现代教育技术课程内容多、课时少的现实问题，助力教师提升现代教育技术课程教学质量，满足当下教育信息化的时代背景。基于此，为了优化现代教育技术课程混合教学效果，教师必须提高对超星学习通的应用能力，借助超星学习通引导学生自主学习与讨论沟通，发挥混合教学的优势。

# 第三节　基于 SPOC 的混合教学模式推广与应用

"SPOC 混合教学模式是将传统教学引入 MOOC 教学，通过网络教学平台将线下课堂和线上课堂有机结合，是融合在线学习和课堂教学的创新之举。"[①] 基于 SPOC 混合式教学模式的推广与应用思路如下：

## 一、增强线上教学平台的维护运营

线上教学平台作为一个开源系统，系统中保存大量数据信息，如课程资源、教工及学生个人信息、试卷信息、成绩考评信息等，涉及平台使用者的个人隐私与利益，技术支持方应加强线上平台稳定性与安全性，既保障平台功能

---

① 崔灿.SPOC 混合教学模式在地方高校中级财务会计课程中的应用[J].商业会计，2019（11）：124.

实用、流畅、高效,还应采用先进的网络安全技术及加密技术,设置防火墙,避免平台受到攻击,保证教学信息安全、保密与完整,防止平台使用者个人隐私信息被披露,以及非法获取和使用。

线上教学平台服务于教师与学生,受众范围广、数量大,对平台性能要求提高,应加快平台技术研发进程,保证教学平台运行的稳定性、可操作性以及可互动性。同时,高校之间应加深合作,对线上教学资源制作制定规范及标准,如对视频时长、课程设计、课堂交互等方面进行标准化,成立相关监管审核组织,将学习资源制作任务下达到全国各个高校,进而推出一系列覆盖各专业各学科的精品课程供国内高校使用,减轻学校教师重新录制课程负担,教师在使用时,只需根据自身的教学需求增删内容及上传教学所需学习资料。

## 二、重视 SPOC 混合式教学的过程

教师应根据教学内容选择合适的教学形态。线上+线下教学交叉设计、合理分布,并非全部内容均强制采用线上+线下结合形式。例如,针对某些知识点采用线下课进行讲授,能使授课表达更清晰明了;又如,一些知识点需要学生自行学习课外知识,教师在平台上传相应内容及文件资源以供学生主动下载学习。知识点以视频、思维导图、提纲等多样化形式呈现,丰富教学内容,避免枯燥的单一教学形式,提高学生学习兴趣和热情。

教师应充分结合线上课程资源建设、明确教学任务、结合线上学生学习进度及时安排调整教学阶段内容,重视线上和线下教学的紧密衔接。同时,任课教师要梳理知识,搭建学习路径,对知识体系进行建模。对知识体系进行建模即将知识的逻辑体系化的过程,既要考虑知识传递的内容,又要考虑知识呈现的形式,教师可将每一章节内容制成大纲或知识树,首先要保证纲要与教学内容中的知识或技能本身的含义与逻辑是一致的,保证知识被正确传递;其次要遵循方便理解、记忆、扩展的原则,在每一个小知识点后加注学习要求,如该知识点学习需要达到何种程度、与前后知识点的联系及课后扩展建议等,并附带相关学习资料跳转链接,这种方式既帮助整理和把握整体框架,又减少学生不必要的检索信息时间。

## 三、增加 SPOC 混合式教学阶段的反馈

学生通过不断优化的"线上+线下"教学模式进行学习,最终目的是在

专业知识学习、专业知识面拓宽、个人信息素养、多维度能力培养及满足学校与社会期望等多方面得到较好的平衡。

第一，在反应评估阶段：建立完善细致的评教体系，通过问卷调查、访谈等方式，针对学生对教师教学内容、教学态度、教学进度以及授课环境、授课氛围等方面，测量高校学生对教学满意程度与符合个人特定标准程度的基本看法。一般而言，学生对课程的评价越高，参与课程积极性和学习效果就会越好。

第二，在学习评估阶段：应定期开展课程学业检测考试，考查学生对课程所传授的基本理论、知识点、技能的掌握程度。学习可看作是经验累积的过程，行为的改变则是学习成果的呈现方式。比如，定期对学生学习成果的检验，如果检验结果越好，说明学生对理论、知识点、技能等掌握程度越好，理解越深刻。

第三，在行为评估阶段：该层级需要达到"知行合一"的目标，需要学生能够将课堂上所学知识活用到实践中，从学生的行为观察到学习是否对其行为有驱动作用。通过课外展示活动、讨论会、辩论赛等，在活动过程中，观察学生的知识运用与特定的行为频次。

第四，在结果评估阶段：主要通过校内和社会共同反馈，衡量 SPOC 的混合式教学模式是否对学生产生良好效果，如学生竞赛获奖率、教学质量评估、就业率、升学率等指标是否出现积极的变化。高校学习作为一项集体活动以及人才培养活动，应围绕提高高校组织效率，改善高校培养效果作为最终的总体目标，以期获得较高的投资回报。

总而言之，通过构建与改良 SPOC 混合式教学模式教学的实施方案，依托线上教学资源平台，采用"线上 + 线下"相结合的教学模式，在把握学习进度与方向的条件下，利用线上教学平台与网络资源共享在时间、空间及资源等三个不同维度上的深度扩展，同时满足不同层次学生学习的需求，做到因材施教，能够更好地实现课程目标，提升人才培养质量。

# 第六章　高校混合教学模式的重构与实践研究

　　随着教育信息化程度的加深，混合学习已成为教学改革的重要内容。混合教学模式充分利用了网络教学平台，兼具线上教学与线下教学的优势，营造良好的学习环境，完善混合学习评价机制，从而有效提升学生信息素养和综合素质。基于此，本章主要探讨高校混合教学模式中的网络教学平台、远程教育视野中的高校混合教学模式、线上线下混合的高校课堂教学与评价、"互联网+"混合教学模式应用与实践。

## 第一节　高校混合教学模式中的网络教学平台

### 一、网络教学及其平台技术支持

#### （一）网络教学的计算机辅助教育

　　随着网络技术、多媒体技术的不断进步，计算机在教育领域的应用普及应用和越来越广泛，计算机辅助教育（CBE）在信息时代现代化教育中的地位日益上升，显示出了传统教育所不能比拟的优越性。因此，教师能否恰当地利用、掌握 CBE，已成为当今这个信息化社会，衡量教育工作者是否合格的条件之一。

　　计算机在教育领域的各类应用，通常被称为计算机辅助教育。计算机辅助教育包括两大方面：一方面是计算机的管理教学（MAI）已经用于学校的常规化日常管理和教学之中；另一方面是计算机辅助教学（CAI），作为现

第六章 高校混合教学模式的重构与实践研究

代教育技术中的主体内容，正成为授课教师不可或缺的得力工具之一，下面以 CAI 为例进行阐述。CAI 的具体概念是指在计算机的辅助下进行和完成的各项教育活动。教师利用计算机来进行多元化的教育教学工作，并且以对话的方式和学生讨论和教学训练、教学进程、教学内容有关的技术与方法。CAI 能够有效缩短学习的时间、提高教学效率和教学质量，实现最优化的教学目标，其不仅仅是针对集体学习，也能够单独为学生提供个性化、个体化的学习环境，通过人工智能、知识库、超文本和多媒体等计算机技术来实现。

**1. CAI 网络教学的系统特点和模式**

（1）CAI 系统特点。CAI 系统综合应用了多媒体、知识库、人工智能和超文本等计算机技术，使教师、学生与计算机共同构成了一个教学系统。在 CAI 系统中，计算机对师生在教与学方面的助力有目共睹。这种助力就表象而言，即为学生通过输入设备与计算机进行"会话"：一方面，计算机通过监视器屏幕来呈现信息（文字、图形和动画等），有时辅之以声音输出；另一方面，学生通过键盘、鼠标或手触式屏幕，输入回答。

（2）CAI 系统模式。正如教师与学生构成的教学系统，可采用不同的教学模式。CAI 系统也可根据具体的教学目标以及教学内容，采用各种教学模式。

第一，讲解演示模式。讲解演示模式模拟了教师授课实景，利用计算机技术，根据授课内容的不同生成了相应的形象、语音、文字和图片。特别是在一些教师难以用口头表达阐述清楚的内容上，CAI 讲解模式优势明显。如模拟声波、模拟原子运动等，直观的模拟毫无疑问，相比抽象的讲解更能使学生理解课堂内容。讲解模式的另一个优势在于：其能够集许多优秀教师的成功经验于一体，此外，讲解模式还能够避免传统课堂上的时间浪费（如教师写板书、擦黑板所需的时间）。由此，既提高了授课效率，又提高了授课效果。

第二，操作与练习模式。操作与练习模式的原理是通过大量的练习使得学生能够充分掌握某一类型的知识。这一模式的优势在于计算机执行重复命令的效率更高、成本更低，且不知疲倦。由此，既减少了教师的重复性劳动，又提升了学生的练习时长。操作与练习模式运作起来也相对比较简单，具体而言，就是计算机出题，学生作答，计算机给出正误判断。在操作与练习模式下，学生的作答时间、正确率都会被如实记录下来，从而形成可供参考的资料。有些系统还能够根据收集资料的反馈，进而来调整题目难易程度、出题顺序，或是安排繁简程度不同的答案提示。现行的 CAI 系统的操作与练习模式几乎都是与现行教材配套的，主要还是起对课堂教学的辅助作用。目前而言，其主要作用有三个方面：①帮助同学在课后巩固课堂所学知识；②承担题库功能，负责提供和批改课后练习题；③提供动态图像，以图像的形式直观展示教师难以用口头表述的内容。

第三，个别辅导模式。个别辅导模式主要用于学生的自学。该模式的工作流程比较固定，换言之，首先，将预定的教学内容分解成诸多子模块；其次，提取子模块中的知识点进行教授；最后，通过问答的方式了解学生的掌握情况，并据此调整学生的学习内容及流程。在这一过程中，CAI 系统始终会保持对学生学习情况的监控，以决定学生下一步的学习目标。

第四，模拟模式。模拟模式通过模拟现实或理论上的现实情况，来实现对研究问题的直观展示，该模式的最大优点在于它能对每一个影响实验结果或理论结果的要素进行分解，学生可以通过改变某一要素来实现对整体结果的改变，从而直观地看到每一要素对结果产生的影响。当然，CAI 的模拟模式也需要在特定的领域中才能生效，CAI 的使用范围主要有四个方面：①难以用真实实验展现的内容，如行星运动；②成本过于昂贵的真实实验；③具有一定危险性的真实实验；④长周期实验。

第五，教学游戏模式。教学游戏模式，尤其适用于带有竞争性的学习环境。例如，在期货市场的模拟课堂中，以资金为筹码的期货生意游戏往往能够极大激发参与者的热情，消除其疲劳感。学生在这一狂热过程中，也完成了对经济学和金融学知识的学习。

第六，计算机辅助测验模式。计算机辅助测验模式，即所谓的 CAT，是 CAI 的一个子部分，也是 CMI 下的一个重要内容。CAT 在题库储备量足够的情况下，能够实现任何要求下的题目排列组合，在不同考试中，都可由 CAT 系统辅助出题。此外，该系统还可以将考题刻录在光盘上或 U 盘上，以此实现异地联动。

第七，问题解答的模式。问题解答模式是具有一定的神秘性的，通常问题的解答模式会给学生呈现出一个，或者更多个问题的场景，最终让学生来加以判断和解决。这种神秘性合一，很好挖掘了学生身上的自主学习的驱动力。虽然问题的解答不是教育教学的全新概念，但是通过这种问题的一问一答，从巩固、应用和检验的途径上来看，潜移默化中提升了学生学习知识的层面。问题解答可以给学生提供一些创造性的、革新性的解决问题的机会和能力，能够更加有效鼓励学生发展高水平解决问题和思维技能的策略。

第八，发现式学习模式。发现式学习模式产生于构建主义，某种程度上来看，CAI 辅助系统也是该模式在计算机引用环境下的产物。不但具有逻辑性强的优点，还颇具趣味性，能够帮助学生理解理论知识、扩展知识运用渠道、发现知识运行规律。发现式学习模式对教师的角色转换提出了新要求，因为所谓"发现"并非凭空创造，而是在掌握了基本原理、有了基本研究意向以后才能实现。其中，研究意向的确定就有赖于教师的引导。针对不同的学生给予不同的引导方式，是这一模式对教师工作提出的新挑战。

第九，远程辅导与在线讨论模式。远程辅导与在线讨论模式主要应用于远程授课场景。互联网技术的普及是这一技术真正成熟的前提。当前，任何人都可以通过一根网线与遥远的课堂进行连接，这一领域最为成熟的模式就是慕课。而随着互联网技术的进步，原本的远程授课模式也进一步被充实，早已脱离了简单的视频互动。随着虚拟现实技术的进步，如何更身临其境地感受课堂、而非简单地听讲，已经成为众多 CAI 开发者所关注的问题。

需要指出的是，我们对虚拟现实技术的讨论仅仅是基于技术层面的，与具体的教学模式无关。尽管如此，我们也不能否认远程辅导模式的时代已经到来，而虚拟现实技术则是这一时代的未来。

### 2. 网络教学中 CAI 课件的应用

（1）CAI 课件使用的需求分析。

第一，CAI 目标的确定。为了明确 CAI 目标，需要考虑的问题有：①在知识与技能方面训练应该怎样实现；②关注教学内容的重点难点有哪些；③传统教学方法不能解决相关问题的原因；④如何利用计算机辅助教学去解决传统教学所不能解决的问题。

第二，选择教学内容。教学内容的制定应该由教学需求来决定，而传统教学方法的弊端，也应该充分利用计算机的优势来克服。在"模拟"的情况下，不应购买相对昂贵的设备，或者设置危险的实验项目。无论是让实验时间变短、让实验更高效，还是突出实验目的，CAI 都有它特定的优势之处，因为它简化了在计算机上的操作。但是，如果所有实验都用计算机代替，在提高学生的实践技能、增强学生的科学素养等方面就容易产生隐患。例如，对一些基本量具的使用，实验电路的连接、光路的调整，以及零点的调节，误差的修正等实验技巧性的基础实验，只有通过具体地去操作，才能真正掌握。

第三，课件的运行环境，课件的运行环境在一般而言，指的是软件环境和硬件环境两个方面。课件的运行环境既要考虑到教学系统中的教学用机型以及教学环境，还要考虑到课件的开发环境，以便于课件的开发能够顺利完成。课件的运行环境一般包括：①CPU 的型号；②显示器及显示适配器的指标；③内存储器的容量；④硬盘的容量；⑤需要声卡、音箱以及视频卡等多媒体外设的情况；⑥是否要求远程入网的硬件接口。

第四，进行可行性分析。例如，考虑开发课件的条件和相关费用预算。

（2）CAI 课件使用的脚本设计。

第一，脚本设计的内容。脚本系统是一种用于描述脚本的方法和体系，脚本系统的建立有多种不同的方式，但不管是怎样的方式，都应达到有效地描述课件设计的要求，并有效地对课件制作者、使用者进行支援。CAI 课件的教学序列是以帧面形式呈现的，每一帧面的设计以及制作是课件开发的关键。CAI 课件的最终表现形式也是反映在屏上的一帧帧框面，就像一张张卡片一样。因此，脚本系统中也应设置脚本卡片、规定脚本卡片的基本格式和编写方法，使其与屏幕框页逐一对应。在一定程度上，可以认为脚本是脚本卡片的集合。学习过程决定了脚本卡片的顺序，脚本卡片也表现了学习过程的具体阶段。脚本系统必须解释清楚学习过程，并且在每个处理阶段和学习过程中显示序列号或序列号的范围，而这些序号也需要与每个功能互相进行对应。另外，在对课件进行设计开发以及后续的使用维护中，教学的控制策略和内容的结构、屏幕设计的方法和原则以及课件开发的目的都非常重要。课件不仅显示了教学序列，选择了结构形式以及控制了学习过程，还提供了各框架面的设计和制作的具体方法。这些内容的说明通常由脚本说明提供，可以使课件得到更好地使用和维护，也为其二次开发提供了可创新的依据。

第二，脚本设计说明。脚本的设计说明主要是对课件的开发和使用过程中的事项和策略，以及对课件的设计理念进行详细解说，其一般在整个脚本的设计与编写中完善和修正，通常情况下载脚本卡片的编号之前完成，脚本的设计和说明为课件的使用和开发提供了指导性的方法和原则。脚本设计说明的主要内容如下：

一是课件设计登记卡。课件设计登记卡给出了课件设计的概貌，卡中的内容包括课件名称、使用对象、学习形态（主要的教学模式）、学习参考时数、作者姓名及专业、通信地址及电话。编写脚本前应先通过登记卡对所开发的课件进行了解。

二是课件开发的目的。课件开发的目的主要表现在研究和教育方面。研究的目的主要是寻求开发课件和学习指导的方法，还有概念形成等多个方面的内容。在确定了研究目的之后，还应根据学习记录和结果分析提供说明研究目的的方法。教学目的表明了课件对学习者的意义。

三是目标和分析。课件的教育目标是指学习者在进行课件学习后需要达到的学习结果。目标和目标分析结果必须在脚本说明中列出。目标分析结果的表示可以用目标分析的知识结构图或二维层次表的方法。

四是课件的控制和结构。这里主要是指课件的控制过程和课件的主要层次。通常情况下会用流程图和图表的形式来表现出来。

五是脚本的策略。脚本的策略主要包含两个方面的内容，其主要是指确定脚本设计的创意和原则以及指导课件设计等意义，它包含的两个方面主要是：一方面是控制教学或者教学过程中的脚本策略，对脚本策略的说明和解释对脚本的策划和编写方面也有很重要的作用，同时也可以帮助学习者更加理解课件设计的教学流程的教学内容；另一方面是如何安排教学内容以及教学内容的具体事项。

六是屏幕设计。必须在脚本说明中提供屏幕设计策略。其中包括确定屏幕排列的基本模式、屏幕的提示方法、屏幕应该使用的颜色等。

七是在教学过程中，课件的地位和作用。脚本说明应提供课件的地位和作用，并作出相应的解释和说明。因为大多数情况下，CAI学习只完成课程教学的一部分或者是一章节，应该对前后学习内容和如何连接方面应该有解释。

八是使用本课件需要做哪些准备。为了有效地使用课件，应按学生教师分别列出学生要准备学习前的一些具体的事项和细则。例如，在使用本课件之前要对学生要说明是否需要携带指定的参考书或者纸张和文具、学习资料等，以及学生们在其专业知识方面具体要做怎样的准备等；在使用本课件之前要对教师要说明是否需要要求其与其他的媒体结合起来使用，是否需要准备一定的实验器材，是否需要准备相关的教学工具等。

第三，脚本设计的卡片。脚本卡片的格式是建立脚本系统的前提。有效的卡片格式有利于课件开发，同时也有利于脚本卡片的制作。脚本设计的卡片内容如下：

一是脚本和卡片的基础格式。对于脚本和卡片的基础性的要求是表示课件运行的概况、对课件开发的支援、实现画面的设计、反映课件设计的结果，框面的序列号、设计人员的名字、课件名称等应该要表现在卡片的片头。框面序号表示了该卡片与对应的框面在课件学习流程中的位置，框面序号的集合给出了课件的学习流程（教学序列）。通常而言，卡片上给出了教学信息、评价信息、控制信息等信息的呈现内容、排列位置和呈现的顺序。教学信息以虚线为界分为左右两侧。左侧用于画面设计，它与CAI过程中屏幕的实际呈现形式应完全一致，这种一致包含了内容及格式两方面。卡片左侧哪些内容应该在屏幕上呈现，哪些内容不予呈现，由方角号指出：方角号以内的内容照原样显示，方角号以外的内容不予显示。卡片上仅给出了上方角号，它表示出框面上显示信息的起始位置。显示信息的终止位置不需特殊注明即可明确，所以不必标出。而屏幕显示中的各种要求与特点和对课件开发的指示及方法说明由虚线右侧对应的部分表示。评价信息包括应答信息和标准答案。CAI过程中，学习者给出的应答信息的位置应该是确定的，不能因框面而异。脚本卡片上应给出应答的标准答案。标准答案是面向制作者的，而不是面向学习者的，所以不应在屏幕上呈现出来，故应填写在脚本卡片方角号界定的范围以外。通常标准答案列于应答位置问号的左侧。另外，课件中的控制方法要使一旦确定下来，就应当保持到最后一帧，不宜在中途对格式和内容进行改变。

二是脚本中的子程序。在CAI课件中，某些显示内容、呈现方法、制作要求可能在多帧框面中反复使用。从提高编写教学课件的效率出发，可仿照程序设计中的子程序，调用概念（具体实现上是如此的），提供一种在脚本中的表述方法。不论哪一种框面，只要需要就可调用，不必反复编写重复的脚本卡片。

（3）CAI课件使用的软件开发。课件的开发质量，与CAI的效果直接相关。因此，CAI课件软件开发不仅要求开发者有着高水平的计算机技术，还需要开发者了解教育的实质内涵。在美工人员发挥自身创意，设计完画面以后，开发者还应该向课件用户示范操作，听取他们的反馈意见，并及时反馈在课件开发中。在开发过程，工作人员可以在各个环节进行适当的调整和修改，直到用户满意为止。

第一，教学软件结构设计。脚本系统基础的奠定，在设计教学软件的结构时，可以成为有效依据。这时需要考虑的事项就是实现技术上，需要注意的细节。例如，课件应该设计成怎样的风格，课件的布局应该怎么设计，如何利用多媒体，视频的内容，动画的形式，任何形式的音乐，语音效果，图像、

## 第六章 高校混合教学模式的重构与实践研究

图表所需要的分辨率和颜色数，用何种形式的人机交互等。在此基础上编写系统分镜头（借用影视创作中的术语）脚本。以上内容都是为了实现所想呈现的教学效果。在充分考虑并实现了上述技术细节后，若脚本设计有不合适之处，还要与脚本设计人员协商修改，以便 CAI 课件的开发既符合原脚本要求，又保证技术上的实现。

第二，准备网络素材。在 CAI 的课件设计上，要采编、制作和收集制作课件过程中所需要用到的网络素材，具体可以做如下的考量：如果已经有了网络素材的数据库，例如，光盘储存的最原始的资料库或者自己过去制作、收集的资料，那么可以尽可能地从其中取出、寻找相关的所需要的材料或元素，而如果已经有的素材只能有一部分满足其需求，那么就可以借助一些工具，来进行编辑、裁剪和修改等，以满足应用的要求。这样会加快课件开发的速度，降低开发费用。如果找不到，但有相片、画册、或附于图书中的图形等，可以借助图像扫描仪录入。如果教学要求突出某一关键部位，也可能会选用一些轮廓图形，而不用图像质量虽好，但关键部分不突出的照片。需要注意的是，经扫描仪采集的图像，一般会有干扰信号，不清晰、有色彩失真且包括不需要的图像边界，因此，需要利用图像编辑软件进行编辑加工。如果需要制作图形、图像动画，就需要请美工技术人员进行设计、运用计算机工具软件进行制作。

第三，进行课件开发。由于各种网络创作工具软件的出现，使得软件开发的难度降低、开发周期缩短，提高了软件的开发效率。尽管如此，软件开发人员还是应当熟悉计算机的硬件和所采用的开发平台，提高开发效率和质量，解决开发中的各种有关计算机软硬件的技术问题，保证所有开发用的计算机都能正常运行。在作品的开发中，软件开发者的任务是将许许多多的画面有机地关联起来，彼此之间建立各种交互机制，编制工作运行需要的程序（可以利用工具软件中的脚本语言），构建必要的数据库和检索、查询及导航手段，完成作品打包、刻录和检测等工作。在计算机网络作品的开发时，每一个工作人员不仅要对自己之外的工作有所关心甚至熟悉，还要精通其中的一项或者多项技术。因为计算机网络作品的开发是一个系统的工程，是需要各种专业的人员之间协同努力才能顺利完成的，这里既需要相互配合也要明确分工。最终建立一个长期的、稳定的、和谐的工作集体，从而产生高的工作效率，制作出高质量的作品。

第四，软件的测试。在基本完成教学软件开发之后，交专业教师在教学中试用。如果课件是操作联系型或者个别教学型的课件，需要收集学生的使用意见，组织学生适用，以此来对课件进行修改和改进；如果课件是讲解演示型课件，那么由课件设计的教师首先使用，通过教学实践来检验整体是否适合和使用，如果不适用的话，先记录下来以便于在修改时作为参考用。一般而言，以上的过程反复使用几次之后，基本上就能使课件成型。在课件成型之后一直到整个课件生命使用周期结束，即停止使用之前都要对其进行改进和维护的工作，这是因为课件成型后，仍然要分析与评价的过程。

第五，软件的评价分析。教学评价是教学和学习过程的重要组成部分，不仅要对学生成绩和素质进行评价，还要对教学本身进行评价，衡量教学是否具备有效性，CAI 还要对课件呈现的效果进行评价。在很大程度上，这能提高 CAI 应用水平。CAI 软件评价首先前应该确定评价标准；其次绘制评价表格，对评价指标进行量化；最后让讲师以及使用课件的学生，还有其他的同事对 CAI 软件进行评价，根据自己的体验填写评价表格，提出综合意见。这种评价方法目前还属于探索研究的阶段。

（4）CAI 课件使用的屏幕画面。画面设计可以直接影响用户的感受，从某个角度来看，画面设计也决定了作品的成败。CAI 应用的屏幕画面设计具体包含如下方面：

第一，屏幕画面文字设计。屏幕画面文字设计要少而精。文字是一种抽象的符号，是人类交流的最重要的工具。文字表达内容丰富，在传送信息为主的网络作品中担负着主要的角色。但是，一幅画面的容量是有限的，这就需要对所要表达的内容进行高度提炼、反复推敲，要用最少的文字和简明的图像表达尽可能多的内容，完全没有必要把书面文字全部搬上屏幕。当然，严格的概念、定义以及规律的描述除外。尤其是标题和按钮上的文字更要简明扼要，以准确的表达为准。屏幕画面文字设计需要注意文笔流利，生动亲切，字数要少，字型要大，文本占据的屏幕的位置要适当。如果文字较多，可以采取两种方式：①采用翻页或滚屏的方式；②链接新的节点。当用户需要进一步了解内容时，通过点击的方式弹出另一屏。

第二，屏幕画面要精美生动。网络作品呈现在屏幕上的画面需要精益求精。好的文字内容加上美丽且生动的画面和构图，才能引起使用者的兴趣，产生强烈的感官刺激。首先，配合内容加上精美的插图。采用与内容相协调的背景或边框。背景是衬托主题用的，不可喧宾夺主。过于鲜艳的背景可以适当作淡化或虚化处理。其次，如果能有与内容相关的动画或视频，会提高画面

## 第六章 高校混合教学模式的重构与实践研究

的渲染力。至于装饰性的动画就不宜太突出。此外，一幅以文字信息为主的作品，动画和视频也没有必要太多。精彩的手段要用在关键时刻，为生动而生动往往会适得其反。再次，画面的色彩应尽量避免饱和度高的颜色，否则会给人以不舒服的感觉。最后，画面的构图要比例一定要均衡和相对而言匀称，整个作品的风格要在变化中追求一种统一之美，均衡之美，使每一个用户在进入每一个分支的时候，都有一种美的享受和新鲜的感觉，这就要求从审美上一定要过关，从而展现出一部完美的作品。

第三，屏幕的画面需要注意合理地应用交互手段。交互是用户参与和控制的一个接口，是用户和计算机进行对话的重要手段，多媒体的精华正是因其具有交互性。最常用的交互手段一般包括：①按钮交互。按钮交互可分为非常规按钮和常规按钮两种。而非常规按钮的交互，则是将图形图像设置成热对象或热区，起到按钮的作用。②菜单交互。菜单交互是人们与计算机交谈的主要形式。为了节省屏幕的空间，常常采用下拉式菜单和弹出式菜单。当菜单不用时，这些菜单可以缩成一个微小的选项。③条件交互。在有些场合，要求用户给出一个特定的响应，例如，要求回答某一个问题时，答错了或者答对了，就给予不同的回应。或者要求用户必须键入一个密码，当密码键入正确的时候，才能进入下一页的项目或者内容。

### （二）网络教学的现代化评价体系

一般而言，网络教学评价包含的内容是：网络教学过程中的学生和教授等教学管理服务和学习支持服务、教学资源的多寡、教学环境的优劣、教学方法的好坏以及教学内容等诸多因素的全民性评价，网络教学评价对网络教学质量起着至关重要的决定性作用，采用相应的评价方法，并最终作出价值性的判断和决策。网络教学评价主要针对的是教学资源，以及学习的支持服务评价、学生的学习评价、教育教学的评价等。

#### 1. 网络教学评价的内容

课堂教学评价主要是从教师、学生、教学内容和媒体四个要素来进行的。网络教学的主要目标是给学生提供学习的资源、途径和方法，使学生获得技能与知识，最终实现个人的全面性发展。网络教学评价包括对教师、学生、网络学习资源、网络学习支持服务方面的评价。

（1）网络教学对学生的评价。学生是学习活动中的一个重要主体，因此网络教学更应该注重为学生提供灵活的、丰富的、更加便捷的学习途径、学习方法和学习资源，从而使得学生获得知识和技能的双向的提升，提高学生的综合素养，促进学生全面、和谐、健康发展。

第一，学生学习过程的评价。现代教育评价理论已经跳出仅仅针对学生学习结果进行评价与测量的窠臼，针对学习过程的评价受到日益广泛的关注和重视，从而为及时反馈、改进教学提供依据；通过对学生在学习活动中的表现进行监控评价，也能够了解学生学习的积极性、主动性、态度、风格等不易直接观察而又对学习至关重要的方面，从而为学生提供个性化的服务与帮助。此外，对活动或者过程的评价能够帮助学生找到努力的方向，能够使其清晰了解到个人的学习状况，从而提升学习的质量，取得显著的学习效果。因此，对学生的学习过程的评价，主要包含：对学生资源利用情况的评价；对学生学习态度的评价。

第二，学生学习结果的评价。对学生学习结果的评价，主要是通过对学生在进行网络教育之后，学生达到的完成任务的状况以及达到教学目标的程度、达标测试的成绩、实践作品的优劣、信息素养的提高和创新精神的培养等各种学习结果的评价实现的，依据这些评价，可以判定网络教学在教育教学中的效用。

（2）网络教学对教师的评价。现代网络教育逐步实现了教师向与学生合作学习过程中的协调者以及组织者、学生学习过程中的评价者和指导者、网络教育活动的研究者和管理者，以及学习资源的开发者和设计者的转变。现行的网络教学活动在教师对学生进行指导和帮助、指导学生对学习资源的利用以及教学活动的组织三方面提出了更新、更高的要求。教师不仅需要对网络教学环境有更加全面、深刻的认识，充分发挥网络环境的功能，还应该根据学科的特点和学生的实际情况，充分激发学生的积极性和主动性，使得他们能够合作、探究、自主学习。具体而言，现代网络教学对教师的评价，主要包括三个方面的内容：①教学活动的组织；②学习资源的提供；③学生成绩。

（3）网络教学对学习资源的评价。

第一，现代网络学习资源的类型。整合资源包括：微课、优课、网络课件、虚拟仿真教学资源、在线开放课程等形式。网络学习资源包括网络上所有可能对教学活动有帮助的信息资源，强调多种媒体形式的有机呈现，大量的网络学习资源形成了一个高度综合、集成、数字化的学习资源库。

第二，网络学习资源的评价内容。网络学习资源的质量是反映网络教学质量的重要指标，是学习内容的集合，是学生直接与之发生交互的对象。因此，对网络学习资源质量的评价,是网络教学评价不可缺少的重要组成部分之一。通常而言,对网络学习资源质量的评价主要是对网络学习资源的目标与内容、结构与功能、超链接与导航、多媒体表征与素材质量以及技术规范的评价。

(4)网络教学对学习支持服务的评价。在网络教学中,网络是媒介和基础,是教师、学生及学习资源之间联系的纽带,它使得教与学的活动在时空上分离。如果网络学习支持服务出了问题,那就意味着教师、学生及学习资源之间的联系被割断,网络教学将无法进行。因此,网络教学的实现需要可靠、安全的网络教学平台和网络学习支持服务。在开展网络教学前,要充分考虑网络学习支持服务的安全性、稳定性、便捷性,以及它对教学交互和教学策略的支持能力等方面的问题。网络学习支持服务,既包括以物为主的网络教学平台,也包括以人为主的学习支持服务。只有网络学习支持服务系统有良好的功能,网络教学才可能有成效。

第一,网络学习支持服务的评价。网络学习支持服务的评价是指对于开展网络教学过程中提供的各类服务的评价,它包含信息技能培训服务、信息技术人员提供的系统运行服务等,也包括教师给学生提供的教育教学指导服务。

第二,网络教学平台的评价。教师的备课工具加上教师的备课平台对大量的学习资源进行系统性加工整理,从而为教师提供更加快捷的资源检索、组织手段,方便教师展开教学活动。实时交互授课系统则借助了网络技术构建了一个从规模上来看,可以扩大可以缩小的虚拟教师,帮助师生之间进行实时交互。学生的学习平台主要为学生提供了文字交流、视听,以及多媒体功能。

### 2. 网络教学评价的特点

网络教学评价与传统教学评价相比有其独特个性。例如,在评价目标方面,网络教学评价以提升学习者素养技能、促进学习者发展为评价终极目的,而传统教学评价主要为了甄别和选拔;在评价内容方面,网络教学评价更侧重对学生核心素养的评价,而传统教学评价重点考查学生对学科知识的记忆和理解;在评价方式方面,网络教学评价采用新兴智能处理技术,实现评价数据的收集、分析,以及结果的反馈,并有机结合量化评价和质性评价,而传统教学评价方式相对单一,以纸笔为主,注重量化结果。当前,云计算、大数据、物联网、移动计算等新技术受到广泛应用,网络教学环境大幅改善,不断推动网络教学评价朝着智能化、智慧化方向发展，使得现阶段的网络教学评价，具有不同于以往的特点，具体如下：

（1）利用大数据。在当前这个数据为王的时代，数据成为重要的无形资本，它为教学评价，尤其是网络教学评价提供了崭新的思路。大数据能够收集在过去既不现实也不可能集聚起来的反馈数据，其背后蕴藏的重要信息对提高教学有效性等具有重要作用。通过对网络教学系统采集的大数据进行挖掘和分析，可以探索教学评价、学习内容、学习方法等变量与学生学习效果的相关关系，使得教学评价更加全面、客观，进而使得了解、评估、预测教学行为更加简单、精准、科学。

（2）注重学习分析。网络教学评价数据来源广泛，数据集过大，数据类型繁多，数据更新速度过快，势必要采用学习分析技术进行科学处理。也就是说，以数据驱动的网络教学评价，必然包括大量以不同目的命名的"分析"。网络教学评价依托学习分析为学生提供实时行为和内容活动反馈、推荐社交网络信息等分析报告等，主要目的在于优化学生的学习进程。通过数据进行学习分析，可分析出其背后的原理，进而为不同的学生设计个性化的学习方案，推送不同的学习资源，优化和改进不同学生的学习方法。

（3）强调过程动态性。因此评价不仅要在学习过程结束后进行，更要贯穿于学习的全过程中。网络教学评价，强调对网络教学的过程进行实时监控，利用即时的反馈信息来指导、调控甚至补救网络教学与学习活动，不过分追求目标的标准化和方法的规范化。因此，网络教学的评价强调实时动态性，注重评价过程的对话性、评价标准的多维性、评价目的的发展性、评价方式的多样性、评价机制的激励性等，从而实现网络教学系统和网络教学评价系统的无缝衔接。

### 3. 网络教学评价的功能

网络教学的评价机制具有一定的激励、调控、诊断和导向的功能，具体表现在以下几方面：

（1）激励功能。网络教学的评价可以激发学生和教师的竞争渴望，使教师和学生认识到其自身存在的不足也认识到了优点，使他们的内部动力和主观能动性不断增强，在追求更好的评价结果的同时起到教学相长的一个效果，各种评价机制和结果还可以激励开发者对教学支撑平台的设计进行优化。

（2）调控功能。通过将网络教学过程合理、全面、科学地呈现给使用者和教育者，网络教学评价可以对教育教学活动提出建设性的意见和建议，以达到对其改进和调整、控制的目的。

（3）诊断功能。网络教学评价的诊断功能，是指通过对评估与分析网络教学过程中教师和学生在线行为等因素，对网络教学实施过程中存在的问题进行归纳总结和分析，从而整理出当前网络教育教学活动中存在哪些不足和哪些问题，以及问题的具体成因和问题出现在哪些方面，最终提出相应的修改意见和建议。网络教学评价就像一张教育成果晴雨表，时时刻刻诊断着教育教学，监控着教育教学的每个过程。

（4）导向功能。网络教学的评价的导向功能，是指网络教学评价本身所具有的引导性评价对象向着理想目标进步的能力和效果，这是由评价标准的方向来决定的。因为在网络教学评价标准的具体规则中，制定了评价各个方面所占比重，并且具体规定了评价的各个方面内容。

### 4. 网络教学评价的阶段

网络教学评价是一个动态的、循环往复的过程，它需要教师、学生、管理者在使用过程中，通过论坛、问卷、访谈记录等形式不断进行评价。大数据、学习分析、可视化等新型网络教学评价方法正大势影响传统评价方法，并受到专家学者以及一线教师的关注及应用。网络教学评价的过程具体内容如下：

（1）评价设计阶段。一个好的网络教学评价，在一定程度上取决于它科学合理的评价设计。网络教学评价的设计要确定评价的内容、主体、目标和方法，其是根据网络教学的发展和需要来制定的，并规定评价实施的具体活动，如在何种情况下进行评价、何时评价、以怎样方式实施评价等。评价设计是整个评价的灵魂所在，体现了评价的理念，指导着评价的顺利实施。具体而言，评价设计包括以下环节：

第一，明确评价目标。评价实施前先要确定评价的目标。评价目标的确定一方面是对评价对象应达到的标准的确定，这是指标体系建立的依据；另一方面也要明确该次评价的目的,是为了评优、考核等分等级的终结性的评价，还是以发现问题、诊断提高为目的的形成性评价，或是两者兼有，这将对评价实施及评价结果处理产生重大影响。由此可见，评价目标的确定是影响评价质量和效果的根本因素。网络教学评价目标的确定，不仅要确定包括知识与技能、过程与方法、情感态度与价值观在内的、要求全体学生都能达到的三维目标；还要融入学科核心素养，如语文学科的语言建构以及运用能力、数学学科的逻辑推理能力、英语学科的语言能力等；最后培养学生成为全面发展的人。此外，由于网络教学中学生的水平参差不齐，因此教学目标应是有层次的、动态的。

第二，分析评价内容。网络教学评价涵盖的教育元素、教育活动比较广泛，评价任务比较复杂。网络教学评价的内容不仅包含学生、教师、教学内容和媒体四要素，还包括网络学习支持服务等各方面的教育活动和要素，而且它们之间是紧密联结的。

第三，确定评价主体。网络教育教学比较注重他人的评价，且不同的评价主体有不同的评价标准与评价方式。评价主体也的确是回答的谁来评价的具体问题的。

第四，选择评价方法。网络教学评价可以采用多种方法进行综合评价。根据不同的评价目的，评价方法也应有所不同。测验是网络教学评价的一种重要方法，如果评价是为了了解学生认知目标的达标程度，测验是最常用的工具。

（2）评价实施阶段。评价的实施是评价人员根据评价方案，利用各种评价手段，完成网络教学评价计划所规定的任务，达到评价目标达成度的过程，它是网络教学评价的具体化与实际化。通常而言，需要先选择或者先设计相应的评价工具，包括观察表格、调查问卷、测验题等，评价实施的具体操作如下：

第一，制定一定的评价准则和制度。评价的组织者需要制定相应的评价标准，开展网络教学评价。例如，可以向学生阐明评价的具体内容，如要求学生完成实践作品、电子作品等，依据一定的评价量表，对学生的作品进行评价。对网络教学进行评价，具体的过程可以从两个方面进行：①根据评价量表，对学生、教师等课程参与人员进行问卷调查或访谈。量化需要的数据是多方面的，仅仅是通过程序进行自行统计和分析是远远不够的，因为量化的数据还需要评价人员收集学生的体验、情感以及隐藏的问题，通过文字来表述这些调查的结果，需要进行相关的调查或者访谈。②通过一些语言分析的方法对其进行分析和解剖。教师可以利用网络平台手机相关教师的作业批改、教学组织、作品评价以及答疑解惑等方面的信息，换言之，就是要利用网络系统的评价功能，对网络教育教学进行评价。

第二，收集评价数据。评价数据的收集是网络教学评价的重要阶段，是对学生进行学习评价的依据和来源。数据收集得是否完备、正确、有效，在很大程度上影响着网络教学评价的质量。评价信息的收集主要指利用相应的评价工具,对体现学生发展状况与学习状况、学生学习过程中所表现出来的数据和资料的收集,包括使用观察表格、调查问卷、测试等,对学生学习过程和结果进行记录和观察。

第三,评价注意事项。网络为学生的学习提供了宽松的学习空间,使学生在学习的过程中,可以充分发挥自身的主动性和创造性。由此可见,网络教学评价不可能再像传统课堂教学那样,只是根据教师自己一个人的制定评价标准对学生进行评价,积极参与评价过程,客观公正地进行评价,因此,实施网络教学评价时应注意以下五方面的内容:

一是预置教育教学目标。由于在网络教育教学中,学生存在着比较大的控制权和自主权,这就在学生的学习过程中,难免产生迷茫和不知所措,所以在教学开始之前,教师可以预先通过制定一定的教学方案、提供范例等方式,使学生对自己要达到的学习目标有一个明确的清晰的认识和预见,这样,学生就能够主动使自己的学习任务和工作任务向预期的目标看齐,才不会偏离学习的航道。

二是贯穿教学过程。教师在给学生的学习提出一定的预期之后,还要在整个学习过程中,不断提醒学生按照既定的目标和预期来要求自己,检查自己的努力是不是有效的学习过程。

三是强调自我评价。在网络教育教学中,学生的自我评价在整个学习过程中是至关重要的,因为在这个过程中,学生大部分采用的是自主学习的方式,提高学生自我学习能力也是网络教学的目标之一。

四是注重过程性的评价。在网络教育教学中,评价的重点并不是放在如何判定学生的状态和能力上,而是放在怎样使学生的能力得到发展和提高的过程中。

五是采用多样化评价方式。在网络教学中,评价的过程应当进行精心策划,应以学生能力的发展和素质的提高为核心。为了使网络教学评价切实反映学生的学习状况,可将多种评价方式结合起来从多个方面反映学生的学习状况;可将传统的教学评价方式和现代的网络教学评价方法结合起来从学习过程和学习结果两个方面评价学生;在评价人员的构成上不仅包括专家、教师,也应该包括学生自身,体现评价主体的多元性;可将形成性评价和总结性评价结合起来,充分发挥评价对学生的诊断指导和反馈激励的作用。

(3)评价分析阶段。在评价分析阶段,要用统计产品与服务解决方案

（SPSS）、Excel 等工具，对要评价的数据进行初步的一个分析和整理，包括去除无效信息、进行信息的误差诊断，将各种数据与评价标准做一个对比，最后对反映学生学习过程和结果的一些数据，以及相关资料进行整合和归纳分析，得出综合型判断并得出结论。

（4）评价反馈阶段。网络教学评价的及时反馈，能够使师生充分认识到自身的得失，及时调整教与学的方法策略，教学相长、共同提高、互为补充。评价反馈作为网络教学过程中的一个非常重要的环节，始终交织于教育教学的过程中。教师对多反馈的信息资源的处理细节的程度，直接导致了教学过程中的双要素——即学生和教师的互动质量，并最终作用于教学效能。

### 5. 网络教学评价的方法

（1）基于大数据的现代网络教学评价。随着网络技术在教育教学领域的迅速发展和广泛普及，网络教学的评价方法也有了新的工具支持，量规、电子作品概念图等，也一度成为网络教学评价的常用方法，但仍存在数据不准确、过程型数据遗漏或无法采集、分析结果缺乏综合性、教学决策精准度不够等多种弊端。教育大数据的应用则为克服现有网络教学评价中的不足，提供了效果良好的解决方案，具体如下：

第一，大数据对网络教学评价的支持。基于大数据的网络教学评价促进了学生的综合素质与能力的发展。大数据对网络教学评价的支持，具体表现如下：

一是提供多方参与评价的途径。当前则需要学生具备问题解决能力与批判性思维，主要强调学生的综合素养评价。评价既包括过程性评价，也覆盖总结性评价；既有外在学习行为表现，也有内在学习心理表征等。基于大数据的网络教学评价不但能实现对多维教育教学数据的深度分析，还能向不同参与者提供评价的途径。教师通过数据反馈结果了解学生表现并以此为依据调整教学，满足学生的个性化、个别化学习需求；家长通过数据情况熟悉孩子的强项以及可提升的领域，从而为孩子提供最适宜的学习建议；教育管理人员可通过数据分析了解何种项目对提升学生的综合素质成效明显，进而实现高效便捷管理等。基于大数据的网络教学评价提供了学生在不同情境下学习数据，为多方主体共同参与评价架设了桥梁。由此可见，借助大数据技术的支持，网络教学评价更加多元立体、更加持续有效。

二是推动数据驱动的教学决策。基于大数据的网络教学评价支持学生学习偏好设置、学习内容推送、学习方式优化、学习效果评价等方面的教学决策。教师可利用教育大数据改进与优化自己的教学决策。例如，教师可利用大数据分析需要在何种时机，对哪些学生以何种方式安排何种教学内容。同时，教师也可以利用学生产生的大数据，或借助与外部大数据的对比分析，深度评价学生的学习效果，分析学生的学习偏好与个性化需求，进而分析学生群体的学习需求。此外，教师还可利用大数据分析哪些学生更适合开展小组学习，如何分组更合理等。针对学习困难的学生，通过大数据，教师可分析学生于何种环节、何种类型内容的学习方面存在问题，进而挖掘影响学生学习的深层因素，以便给出适当的学习支持与干预。因此，借助大数据技术关键在于"数据"的驱动，使得教学决策更加全面精准。

三是促进学生发展性评价。发展性评价对学生的教育活动进行价值的判断，这种判断建立在系统地收集评价信息并将数据进行分析上的，最终帮助学生实现其发展目标。基于大数据的网络教学评价，不再依赖对单一评价对象的单一评价维度实施评价，而是尽可能地将网络教学评价的多方面数据纳入其中，包含结构化数据的获取以及非结构化数据的收集，旨在获取更为全面的数据，促进学生的发展性评价。大数据技术寻找关联性的思维模式契合了网络教学评价情境下，对充实依据与有效证据的本真需求。这种基于大数据的网络教学评价，为学生实现个性化、差异化的学习发展目标提供了有效支撑。

第二，基于大数据的网络教学评价过程。基于大数据的网络教学评价过程可分为多个阶段，即确定评价目标与标准、明确数据采集对象与内容、实施数据集成与清理进行数据转换与分析、完成数据解释与反馈。

（2）基于学习分析的现代网络教学评价。学习分析技术在教育教学过程中提出有针对性的教育决策和改进策略，其注重预测和监测学生的学习成绩，及时发现学生的潜在问题。基于学习分析的网络教学评价，为提升学生学习质量提供了新的思路，并以数据驱动的方式改进网络教学实践，促进学生个性发展。

第一，学习分析的特征。学习分析技术分析的目的是评估学生理解和优化学习的能力、发现潜在问题，其对象无疑是学生及学生的学习环境，可以说，是最贴近教育需求的数据分析技术。学习分析具体有以下方面的特征：

一是多样化的数据来源。数据来源既有学习管理系统、课程管理系统和学生档案系统等数据库，同时也有学生学习过程中的资料、作品、学习轨迹等，还有学生个人非正式知识管理系统（如博客、微博、微信等）。不同来源的海量数据为个性化的学习服务提供了支撑，数据采集自动化为智能化的学习提供了便捷条件。

二是可视化的分析结果。学习分析的主要目的，是提高学习绩效和预测学习结果，并以直观化和可视化形式显示主要数据，以便教师和学生对自身的情况作出一定的判断。

三是模块化的分析技术。学习网络的实时调整、学生关系的动态变化及学习内容的复杂多变，使得网络学习的过程研究变得十分复杂。若要开展有效分析，单一的学习分析工具已无法满足智慧学习环境中，对学习分析的多样化要求。此时，便需要强调对多种工具、多重方法、多类技术的模块化聚合，以便于针对不同的数据采用不同模块进行加工、挖掘和分析，进而透过数据对网络教学给出合理的解释，并为网络学习提供支持和保障。

四是微观化的服务层次。学习分析的内涵是网络学习过程中，发生的各种数据提供建设性意见和进行分析。其直接服务对象是学生以及教师。例如，通过教学数据反馈帮助教师提高教学质量、教学水平和职业技能，通过学习情况反馈帮助学生提高课程通过率，为学生的适应性学习提供建议等。

第二，学习分析对网络教学评价的支持。基于网络教学，学习分析技术作为一种有效分析学习过程和结果的工具，以其对绩效评估、过程预测与活动干预的便捷性等特点，越来越受到教育界的追捧。正是由于学习分析技术发展带来的优势，采用其开展网络环境下的教学评价，才更加便于实现过程性、动态性、多元评价，才更有利于学生个性化学习，以及教师教学效率的提高、教学质量的改善。学习分析对网络教学评价的支持作用具体如下：

一是有利于教师对学习进行分析。利用学习分析技术，教师可获得学生学习绩效、过程及学习环境等信息，为教师优化网络教学提供方法和思路。对教师而言，改善教学质量、提高教学水平、促进教学效益最大化是主要目标。

二是有利于学生进行自我评估。学习分析的主要目的是预测学习结果和帮助学生反思。学习分析作为一种有效的辅助学习的工具，可帮助学生开展自我评估、实施个性化学习、提升学习危机预警等。例如，学生可借助学习分析技术获取个人学习情况报告，进行自我评价，了解自身的优势以及不足，进行自我认识、自我定位、自我规划等。学生也可分析自身的学习过程数据，通过回顾自己的学习时间、内容、方式等，开展个性化学习，进行自我管理和自我激励。学生还能借助其提升学习危机感，自我采取相应的措施赶超学习同伴。

第三，基于学习分析的网络教学评价过程。学习分析过程主要集中在实施阶段调整阶段和优化阶段，重在对数据的分析、跟踪和预测，以反复调整和优化教学方案和学习过程。

（3）基于可视化技术的现代网络教学评价。当前，网络技术飞速发展，计算机在信息表达和信息交互方面取得了一些成绩，也为网络教学评价提供了新的视角。可视化技术为视觉教学理论注入了新的活力，是现代教育技术发展的必然趋势，在网络教学评价中的应用潜力十分大。基于可视化技术的网络教学评价，使得网络教学过程和结果的数据都得以实时呈现，有利于学生自我反思、自我警醒能力的发展。

第一，可视化技术的特征。随着可视化技术的不断发展，可视化技术呈现出五个特征：①直观化。可视化技术直观形象地呈现数据，可用图像、曲线、二维图形、三维体和动画等显示，并可呈现数据之间的相互关系。②多维性。通过可视化技术，用户能清晰地看到数据的多个属性或变量，并实现数据的显示、分类、排序和组合。③关联化。可视化技术帮助用户挖掘并突出呈现数据之间的关联，直接快捷地厘清各属性、事件之间的关系。④交互性。可视化技术能够实现用户与数据的交互，增强用户对数据的控制、管理与开发。⑤艺术化。可视化技术能够通过不同的表现形式，增强数据呈现的艺术效果，符合审美规则。

第二，基于可视化技术的网络教学评价特征。可视化技术的发展，加快了数据的处理速度，使得工作、学习过程中产生的海量数据得以有效利用。数据、知识、思维等的可视化处理将抽象、复杂的过程以形象化的视觉表达形式呈现出来，实现了人人、人机之间的图像通信，使人们可观察到利用传统方法难以发现的现象和规律，进而助力人们的工作和生活。可视化技术为网络教学评价提供了一种新的方法和思路，使得网络教学过程和结果的数据得以实时呈现，方便开展并优化师生的教与学活动。基于可视化技术的网络教学评价是指以图形、图像等直观形式表示学生学习过程和结果数据的一种评价方式，能使教师快速便捷地掌握学生整体学习情况，有利于学生自我反思、自我警醒能力的发展。基于可视化技术的网络教学评价具有如下特征：

一是提供网络教学过程立体化的呈现效果。面体现了一图胜千言的表达优势。它不仅具有显著的吸引力、沟通力，同时也强烈增进了学生对教学过程以及内容的理解与认知，进而促进学生学习过程中的认知建构与知识生成。

二是实现动态评价和实时反馈的跟踪指导。

## （三）网络教学的平台技术支持

随着科技的快速发展和社会的不断进步，网络信息技术、多媒体技术逐步进入了人们的视野中，这些技术不断推动现代教育逐步实现向网络教学方式进行过渡，由此为现代教学事业注入了新的生机和活力。网络教学主要是基于计算机网络实施的，该系统主要由学生工作站、主机、教师以及服务器这四个方面组成。教师借助主机，可以通过对网络中每个终端的控制，实现和学生实时的交互会话，使得学生可以突破时间和空间的局限，接受教师的直接指导，从而获得良好的教育效果。另外，学生还可以通过计算机网络与其他学生进行交流、沟通，并且借助互联网来获得更加丰富的资源信息。

由此可见，网络教学模式与计算机辅助教学、电化教学以及传统课堂教学都存在着很大的不同，这种不同主要体现在四个方面：第一，网络教学模式强调以学生为中心，颠覆了传统教学模式中，教师占主体地位的情况；第二，网络教学模式关注学生学习的积极性、主动性，注重激发学生的学习自主性；第三，网络教学模式改变了媒体的定位，由教师的演示工具转变成了学生的认知工具；第四，网络教学模式，将因材施教的教育理念落实到了实处。

### 1. 计算机网络教学技术

计算机网络是独立自主的计算机互联的集合体。此处的"独立自主"强调的是在计算机网络中，各计算机之间不存在主从关系。这一点很重要，如果机器中存在主从关系，如一台计算机受到另外一台计算机的控制，就不是计算机网络。"互联"的含义是：计算机之间可以互相交换信息，而计算机之间的连接可以通过导线、光、微波和卫星等有线和无线的形式进行。

（1）计算机网络连接的方式。网络中计算机连接的方式，即为由计算机的几何安排构成的网络拓扑结构。尽管实际上存在许多种规则或不规则的网络拓扑结构，但最基本的是三种，即星形拓扑、环形拓扑、总线形拓扑。

第一，在星形拓扑结构中，所有计算机（节点）都连接到中心计算机或集线器上，各个计算机除与中心计算机，或是集线器相连外不与其他的计算机相连。星形网络的所有数据包都先送到中心集线器，然后由中心集线器送达目的地。在星形网络中，一台计算机与集线器的通道发生故障时，不会影

第六章　高校混合教学模式的重构与实践研究

响到其他的计算机。但是如果集线器坏了，整个网络就会崩溃。

第二，环形拓扑结构是将所有计算机连在一起形成一个环（不一定是圆形）。从网络中的任何一点都可以沿同一方向传输数据，最后返回到起点。由于是环形连接，故其中的数据只能沿一个方向传输。环形拓扑要求计算机之间的通道不能发生故障。环上的任何一点发生故障，都会使网络通讯无法进行。另外，由于数据必须经过网络中的每一台计算机，因此网络中的任何一台计算机都能查看环中传输的数据。

第三，总线形拓扑结构是通过使用一条被称为总线的传输介质，把网络中的所有计算机连接在一起进行通讯的。一般使用同轴电缆作为总线拓扑中的传输介质。总线拓扑中的数据可以向任何一个方向上传输，其缺点与环形拓扑类似，即总线故障会造成网络通信失败，而且安全性也不好。

（2）计算机网络的体系结构。为了降低网络设计的难度和复杂性，设计网络通常会分层进行组织，每一层建立在他的下层上面。现代计算机网络的设计，都必须要采用高度结构化的方法来进行，这种结构化的思想体现在为网络的体系结构。在网络设计中，不同的网络所分的层析、每层的功能和名称是各不相同的。但是不管是怎样网络，每一层的目的都是向他的上一层提供服务，然后要做到把这一服务的细节对上层加以屏蔽。

一台计算机的第 n 层与另一台计算机的第 n 层在进行通话时，通话中所用的约定和规则称之为 n 层协议。所谓的协议，就是通信双方进行通信的约定。不同机器的通话，实际上是对等进程利用互相之间的协议进行通信，换言之，不同机器包含着相应协议层的实体称作对等进程。

实际上，是每一层都把数据和控制信息传送给他的下一层，直到最底层而不是从一台机器的第 n 层传递给另一台机器的第 n 层的，最后再由物理介质进行实际的通信。相邻两层之间有一个接口，他能下层向上层提供的服务原语和服务。考虑网络应该包括多少层、每一层都有神马功能，其中一个重要的方面，就是必须要在两个相邻层之间定义一个清晰的接口，并要确定每一层的具有含义明确的功能。

上层被下层提供的服务有两种，即面向无连接的服务和连接的服务。面向连接的服务类似电话系统，下层向上层提供服务前，必须先建立连接，这一连接在本质上就像一个管道，发送者在一端放入物体，接受者在另一端取出物体。而无连接服务则可以用邮政系统比拟，每一报文都有自己的目的地址，并经过系统所选择的路线传送。在无连接的服务中，报文不一定按照发送顺

- 149 -

序收到，而在面向连接的服务中则必定是先发送的先收到。

通常用服务质量来衡量每种服务所具有的特性。服务质量可以用多种参数表达，以描述服务过程中数据的丢失、延迟等有关表征服务质量的一些问题。在形式上，服务用服务原语来描述。面向连接的服务有请求、指示、响应和确认四种原语，而无连接服务则只有请求、指示两种。

层和协议的集合被称作网络体系结构。如果要使实现者可以为每一层进行硬件设计、为每一层编写程序、并使之符合有关协议，就要求网络体系结构的描述包含足够多的信息。接口的描述和协议实现的细节都隐藏在机器的内部，对外部而言是不可见的，因此，接口的描述和协议实现的细节并不是体系结构的内容，只要机器能够正确使用全部协议，同一网络甚至可以连接多个不同的接口。

国际标准化组织（ISO）所制定的OSI参考模型（也简称为OSI/RM）定义了连接异种计算机的标准主体结构。"开放系统"是计算机发展的重要成果和未来发展的重要条件。OSI模型制定以来，对计算机网络技术的发展起到了非常关键的推动作用。虽然网络的普及和应用在实践上超过了OSI，但其意义仍然是不可忽视的。

（3）计算机网络连接的目的。就应用的角度而言，计算机进行网络连接的目的具体如下：

第一，共享远程资源，包括程序、设备、数据等软硬件资源。例如，中华人民共和国国家教育委员会建立的一个学生毕业证、学位证查询程序，允许用户通过网络进行远程访问。此外，在公共交通订票、银行存取款、电子图书馆等方面，通过网络共享资源已是生活中的实际。

第二，依靠可替代的资源提高可靠性。例如，在有备份情况下的故障自复。在银行、航空等领域，一般会有多处理器，其中一个出现问题时，其他处理器仍可正常工作。

第三，节约经费。因为大型计算机升级时开销巨大，而比较小型的计算机往往性能价格比更高，因此常使用客户机/服务器模型，或是客户端使用比较廉价的电脑端，通过服务器共享数据。

第四，网络用户的通信与合作。例如，同一公司的不同地点办事处的员工，可通过公司内部网络共同撰写工作报告。又如，当前正在如火如荼发展的视频会议，它也是网络作为通信媒体的典型事例。

（4）计算机网络连接的优势。个人能够享受网络提供的一切优势，这些

## 第六章 高校混合教学模式的重构与实践研究

优势包括以下内容:

第一,访问远程信息。访问远程信息已经在多方面实现,此处讨论的主题网络教学就是一种向人们提供访问全世界各种信息的有效手段。通过电子方式向服务端提问取得答复和进行数据的查询已经实现。新闻媒体也正在走向在线化,并可根据个人需要进行定制。

第二,人与人之间的通信。电子邮件(E-mail)已被很多人作为日常通信手段来应用。视频电视、网络新闻等方式也正成为人与人之间进行通信的日常工具。

第三,交互式娱乐。基于网络的娱乐事实上已发展为一种产业,通过网络实时聊天、游戏已经变为现实。按需视频(简称VOD)可使人们根据自身的个人需求定制电影、电视等娱乐节目。

(5)计算机网络的互连技术。由于各种各样的网络已经存在并且还将继续发展,各种类型的网络技术和网络协议同时并存,所以网络互连技术必定会广泛存在。网络互连的形式主要包括:LAN-LAN、LAN-WAN、WAN-WAN 和 LAN-WAN-LAN。

第一,在OSI模型中,网络层处理网络互连问题。网络层可划分为子网访问子层、子网增强子层以及子网互连子层,并通过被称为中继的中间设备进行互连。

第二,子网访问子层处理所有特定子网的网络层协议,它生成、接收和控制数据包,并执行通常的网络层的功能。

第三,子网增强子层则用以协调可提供不同服务的子网,对不同子网起协调平衡作用。因此当子网服务太好时,它的作用不是增强而是削弱,以便与子网互连子层相匹配。而子网互连子层的主要任务是端到端的路径选择。

第四,通常而言,中继可以在任何一层实施。按网络层次可将中继设备分为:①在物理层,可使用转发器在电缆段复制二进制位;②在数据链路层,网桥可在类似的LAN之间存储和转发数据链路帧;③在网络层,可用多协议路由器进行网络互连;④在运输层,可使用运输网关连接字节流;⑤在运输层以上,可使用应用网关连接不同网络。

第五,两个WAN之间的网关通常归不同的机构甚至不同的国家所有,二者同时共同营运一台工作站级的机器,存在许多实际的困难。为解决这一问题,可将中继从中间一分为二,双方各持有一半的网关。这样,网络互连的全部问题就转化为如何商定一个在线路上使用的公共协议的问题。此协议是中立的，可适应双方的需要。只要双方在线路上使用这个公共协议，就可以设计各自的互连子层。在实际产品中，网络互连中继设备的划分比较模糊。很多设备同时具有网桥和路由的功能（有时，也称为桥路器"brouter"）。造成这种现象的原因：①网桥和路由器虽有区别，但并非完全不同；②一些产品出于商业考虑在名称和功能上并不是非常贴切。

第六，互联在一起的网络存在很多不同之处。不同类型的网络，所提供的服务和采取的协议不同，寻址方式和广播与组播方式不同，数据包大小不同，服务质量不同，流控制和拥塞控制方式不同，安全机制不同，记账方法不同。因此，在进行网络互连时，必须考虑到这些不同，使之能够通过有效的方式进行转换。

第七，网络互连有两种常用的方式，即无连接的数据包方式和面向连接的虚电路方式。前者需建立端到端的虚电路连接，后者则需要在多个可能的路径中考虑合适的包路由。当源端机与目的机所处的网络类型相同，但传送数据时需要经过不同的网络时，可采用隧道技术将数据包进行封装，封装后穿越异质网络，到达目的网络后再卸除封装，就像乘船过渡的汽车一样。

第八，互连网络的路由问题与单个网络的路由问题类似，但更为复杂，因为涉及不同的网络，必须存在两级路由算法，在各网内部采用内部网关协议，而在网络之间采用外部网关协议。网络互连存在两面性，个人用户在网络上漫游自然其乐无穷，但公司用户则必须高度重视安全性，因为商业秘密不可外传（即便不是经营性的网站的资料），病毒等数字害虫更不允许流入。为此，诸多安全措施应运而生。这些广泛使用的各种安全措施就是防火墙技术。

第九，防火墙有很多中国类型，但是主要可以分为两类，一类是基于代理服务，另一类是基于包过滤。由于这两种类型的防火墙，它们都有一定的缺点，目前正在发展其他形式的新型防火墙。例如，可以把基于包过滤方法和基于代理服务的方法结合起来，形成新的防火墙产品。这就是所谓复合型防火墙。

### 2. 高效网络教学技术

远程教育模式的形成主要源于现代信息技术对教育领域的应用，它是一种结合网络技术与教育的模式。在目前教育部所出台的文件中，远程教育也被称为现代远程教育。这种方式所招生的对象没有学历、年龄方面的要求，可以无门槛地为他们提供学历提升的机会。

## 第六章 高校混合教学模式的重构与实践研究

网络教育的定义在通常情况下,是分为广义和狭义两种的。广义层面的网络教育是指在没有指导教师的计划指导下和连续指导情境下,学习者通过网络利用各种各类学习资源进行学习的行为活动;狭义层面的网络教育是指各种各样的学习活动,都是仅仅通过互联网这一个平台来进行的。

网络教育在中国市场可以分为广义市场和细分市场,广义市场主要包括所有借助网络等其他电子通讯手段而展开的实时咨询、运营服务解决方案以及学习内容等方面的市场领域;细分市场主要包括职业与认证培训网络教育、E-learning 网络教育、高等网络教育企业、中小学网络教育,以及幼儿网络教育这五个市场领域。

网络教育是以多媒体技术、计算机技术、通信技术和网络等高新技术为主要传播媒体和学习手段,以学习者为主体,综合运用文字、动画、图像、音频和视频技术等的一种新型的交互式网络教育方式。网络教育是以网络、计算机和多媒体等为基础的信息技术的最新成果,在现代教育学思想的指导下,对传统教育模式的一种创新模式。网络教育是一种全新的教育模式,它将带来一场教育革命。20世纪90年代后,网络技术的发展推动了人类社会向信息社会迅速转变的进程。网络媒体兴起之后,就显示出了比较强大的生命力,它以巨大的信息优势,以及最快速的渗透方式,快速的占领了金融、商业、管理、通讯、医疗、新闻、教育技术、产业娱乐等,一切与信息紧密相连的领域,网络教育之所以会成为一种富有自身特色的崭新的教育形式,正是由于它无法替代地实施交互功能所决定的。

网络高校一般是实行弹性学制,允许学生自由自主地选择期限。网络教育通常需要学生有很强的自主性和自制力。需要注意的是,网络教学与传统教学的方式不同的是,网络教学主要是由学生通过点击网上课件(或者光盘课件)来完成课程的学习。通过帖子或者电子邮件等方式方法将作业提交给教师或者及时交流,并且教师可以根据学生的具体情况,来安排集中的面授工作。

(1)高效网络教学技术的特征。

第一,学习行为自主化。借助网络技术展开的远程教育突破了时间和空间的限制性,使任何人可以从任何章节、地点以及时间学习任何教学课程,这种便捷灵活的教育特点体现了学习行为的自主性,符合终身教育、现代教育的社会需要。

第二,资源利用最大化。网络教育方式颠覆了以往只局限于特定区域展开的教学模式，从而向更加广泛的地区进行辐射性、开放性教育，突破了空间的阻碍，使得远程教育成为可能。另外，借助网络教育，学校可以网罗更加优秀的教师和更加突出的教学资源，充分发挥自身教育资源优势。

第三，教学形式个性化。计算机网络具有双向交互功能和信息数据库管理技术，这体现了它的独特性。借助这些特点，网络教育实现了两个方面目的：一方面是对每位成员的阶段情况、学习进程以及个性材料进行完整、全面的系统跟踪记录；另一方面是为每位成员提供个性化的学习策略和学习建议。由此可见，网络教育是一种高效性、个性化的教学方式，为现代个性化教学了提供现实有效的实现途径。

第四，学习形式交互化。借助网络教育，师生、学生之间可以实现全方位的交互对话，这拉近了学生与教师之间的心理距离，扩展了师生交流范围和交流机会，促进学生身心健康和全面发展。另外，教师还可以通过网络教育对学生提问的问题种类、数量进行统计分析，并依照此结果展开有针对性的教学，从而获得良好的教育效果。

第五，不局限地区。网络教育的展开没有时间和地区的限制，使得学习成员可以节省费用和时间，以制定更加有效的学习计划。

第六，教学管理自动化。计算机网络具有远程互动处理功能，以及自动管理功能。在此模式下进行的教学管理中，每位学员可以借助网络远程操作考试、作业和学籍的管理及查询、选课、交费、报名以及咨询等各项任务，突出网络教育便捷灵活的特点。

（2）网络教学技术的功能。

第一，跨越时空教育。借助腾讯会议，学生可以突破空间的障碍去聆听各个领域优秀教师的授课，并且能够通过网络远程教育获得丰富的教育学习资源，体会到教育信息化带来的改变，最终实现优秀教育资源共享。在知识经济时代，每个人都需要通过不断学习来满足社会发展的各种需要，因此，教师教育培训工作的加强就显得尤为重要。而网络教育模式的出现，使得教师可以按照自己的学习方式、速度，在自己合适的时间和地点展开学习活动，做到工作学习两不耽误。

第二，网络视频工作。教育领域的工作者经常需要开展教学观摩、远程教学、行政会议召开等工作，而参加会议的人往往又遍布世界各地，而且召开的日期、地点通常也都是随机的。网络视频使得那些参加会议的人员能够节省大量的费用和时间，既不用长途跋涉，又能随时参会。

第三，进行学术交流。教育行业工作者不仅需要参加行政会议，还要与世界各地的权威教授学者、研究机构学者共同参与深入的经验、学术交流活动和临时学术会议。当然，在传统集中式的学术交流活动中，常常因为参会人员、地点以及时间的限制而降低了交流活动的良好效果。因此，远程教育系统的使用不仅可以节省大量的费用、资源和时间，还可以跨越时间和空间的局限，展开深入的交流与探讨。远程教育系统还具有强大的数据功能，从而为来自各地的学者创造一个多人共享的工作平台，突出了多人实时交流对话的特点。参会者可以利用系统中文件传送和文档共享等功能，将文字、报表、图形以及数据等信息传送给其他与会者，从而达到随时随地地交流讨论。

第四，网络教学资源共享。教师可以借助腾讯会议，学生不仅可以学习到更加优秀的教学资源，还能够参与到论文评审、校际联谊等活动中，这扩宽了学生的视野，提高学校教学质量。

第五，促进教育信息化改革。远程教育跨越了空间和时间，为学校的教育改革提供了良好的实施平台。作为新型的教学形式，远程教育具有交互、跨远程的优势，不仅颠覆了以往课堂教学方式中面对面交流的地域局限性，而且还能够将大量优秀的教育资源在此汇集，充分发挥教育功效，满足现代教育和终身教育的社会需要。

一般而言，远程教学具体包含广播电视教学和函授教学，主要有三个发展历程，即函授教学、广播电视教学以及网络教学。函授教学、广播电视教学它们均为单向信息传递，师生之间的信息传递、交流具有一定的局限性；而网络教学具有交互式、开放式教学特点，可以实现信息实时、多向交流，学生可以突破时间和空间的局限，与其他学生、教师进行线上交谈，不仅能够高效完成教学计划，而且还为未来教育手段的实施提供了实践基础。

## 二、网络教学平台的课程资源建设

### （一）网络课程资源建设的原则

"建设网络教学平台可以培养学生自主学习能力、提高教学质量、推动教学模式创新，对高校有着重要的意义"[1]，建设网络课程时，除了要遵循教学设计的原则外，还应遵循以下原则：

---

[1] 金欣.高校网络教学平台建设初探[J].福建电脑，2011，27（3）：16.

第一，学生与教师之间的交互、学生与学生之间的交互、学生与学习材料的交互。在网络课程中，应该包含在线讨论、论坛等平台进行交互学习。

第二，学生在学习的过程中通过发现问题、主动探索、意义构建等过程完成学习，体现学生个性化的学习特点。

第三，开放性原则。网络课程要对学习者开放，让学习者按需参与。同时课程资源要开放。

第四、动态性原则。在当下这个经济日新月异的时代，技术和知识也在不断更新，因此，一定要保持鲜活的学习内容。网络课程的设计要方便更新、扩充新的内容。

第五，共享性原则。网络的特点之一就是资源的共享，因此，在设计网络课程时要体现其共享性原则。

第六，评价性原则。要想及时了解学生的学习状况、对学习者的学习效果和学习情况提供有效的、客观的反馈和评价，就必须要重视评价的设计体系。在设计网络课程时，应该提供考试的得分、试题答案的解析以及教师对习题作业的批阅结果等。

（二）网络课程资源建设的结构

基于 Blackboard 网络课程的结构模型由学习支持层、课程用户层和教学管理层等构成，具体内容如下：

第一，学习支持层主要是利用 Blackboard 平台提供的教学工具来支持教师和学生的学和教，如可以利用调查工具来发布一些调查问卷，以便于教师及时了解学生学习和需求的一些进展情况；可以通过线上的测评或者考试来检验学生的学习成果；可以利用讨论工具搭建学习的论坛，供教师、学习者和其他人员来交流等。

第二，课程用户层主要包含以下两类的用户：一类是教师用户，另一类是学生用户。学生用户可以浏览课程内容、在线测试、参与讨论和调查等；教师用户则可以注册学生用户、管理课程、建设课程等。

第三，教学管理层主要是教师对于课程进行的一定程度的管理，例如，管理学生的用户名称（ID），对课程进行管理、组织教育教学活动、上传课程内容等。此外，管理员也可以参与进来，对整个体系进行干预和管理，如修改教师的用户 ID 和用户的权限等。

## 三、网络教学平台的教学互动技巧

### （一）组织网络教学平台展开实时交流

"高校教育代表着我国教育的最高水平，随着现代科学技术的不断发展我国高校教育一直在对教育教学进行着不断的完善与发展。"[1] 基于网络教学平台的网络课程允许学生自定时间、自定步调地进行学习，但有时，一些在线的实时网上交流和同步互动往往能起到意想不到的效果，越来越多的教师已经认识到在线实时交流的重要作用。组织一次成功的在线实时交流，需要完成以下工作：

第一，确定交流活动的主要参与者是某一个小组还是整个班级；主讲人是教师还是某位学生。

第二，确定交流的内容。内容最好是学生所感兴趣的，有必要提前跟学生协商确定讨论的主题和角度，防止话题过"散"。

第三，确定交流使用的平台。Blackboard 平台提供了在线实时交流的工具——"聊天"和"虚拟课堂"。"聊天"工具和普通的网络文字聊天室类似，主要是基于文字的集体讨论，和论坛相比，其汇集文字对话的形式更加适合于实时的文字交流讨论。"虚拟课堂"工具比"聊天"工具功能更加强大，除了支持文字聊天之外，还可以进行分组文字聊天，使用白板进行资源的共享和协作互动。此外，还可以选择别的平台，教师们可以根据自身需要和网络情况自行选择。

第四，熟悉平台工具的使用流程。

第五，提前发布实时交流公告，以便于学生做好准备。

总而言之，在实时交流活动中，避免过多地讲原理、概念，重在交流和分享，而不是教学和讲授。在实时交流结束后的 1～2 天内，教师要将交流的文字记录或者录像和其他资料，及时发布在课程中或通过其他方式共享给学生。

### （二）维护网络教学平台的讨论秩序

在课堂教学之后开展相应的网上讨论，有助于学生深入地理解课程内容。
第一，设置一定的论坛规则。在网络课程一开始就要明确指出论坛中不

---

[1] 杨宁宁. 普通高校网络教学平台的设计分析 [J]. 军民两用技术与产品，2014（13）：200.

支持和支持鼓励的行为，要强调本课程论坛的规则，例如，不要在论坛里发布与课程没有关系的言论等话题。可以和学生约定好发帖的要求，如可以要求学生每周发三个帖子：第一个是原创帖；第二个帖子是对别人帖子的回应，必须要谈自己的看法和观点；第三个帖子是对自己原创帖子所有回应帖的总结和评价。总而言之，论坛规则最好简洁明了。

第二，营造安全的学习环境。网上讨论最大的难度在于：要保证让学生在感觉相对安全的环境下，分享他们的观点思想和个人经验，探索一些新的概念，以此来加深他们对材料的理解。鼓励学生积极、大胆发言，不要因为害怕错误而不敢发言，允许学生有批判性的思考。

第三，让学生成为讨论的主角，不要干扰讨论方向。网上讨论的主角必然是学生，学生们在论坛中一起讨论、贡献知识。如果教师过多地介入，会打断学生的原有思路，学生会把教师当作"权威"，可能会由于畏惧"权威"而不再发表不同观点，或者刻意等待教师的发言。

第四，精心设置论坛分区，防止学生"跑题"。如每周话题区可以安排与本周所学内容相关的话题进行讨论；平台使用技术问题讨论区讨论解答在平台学习过程中所遇到的技术问题；在教学建议区讨论学习体会，收集教学建议；休闲咖啡区供学生讨论一些与课程无关的话题，允许他们在那里抒发感情，畅所欲言。

第五，可以设置论坛的专项管理人员。如果论坛涉及的板块比较多、发帖量和话题量比较大，教师实在难以兼顾论坛的情况下，可以在论坛的每个讨论区，设立专门的管理人员来直接管理讨论板中的帖子，以促进有效的对话和讨论。可以为论坛中用户指定具有管理功能的论坛角色，如管理者、主持人和评分者。

主持人在帖子对应的课程中的每一个用户都可以复查帖子。主持人也可以删除，或者修改任何论坛中的所有的帖子，所以要确保主持人一定要富有责任心并且要了解相应帖子的标准，在默认的情况下，会将这一论坛的角色授予具有课程角色的课程制作者的用户。

管理者可以完全控制论坛。一般而言，在默认情况下，具有助教或者教师的课程角色的用户将被授予此论坛角色。管理者是可以完全控制论坛的，管理者可以更改的项目有仲裁帖子、论坛的相关设置和制定的一些成绩等。此外，需要注意的是，管理者的角色只能制定给具有类似责任的人员如助教或者课程教师等人员。

评分者将复查讨论区帖子并在成绩中心中输入成绩。评分者拥有某些访问成绩中心的权限，并分配给负责指导和评估学习的用户，如教师或助教。评分者的论坛权限中不包括访问控制面板的权限。默认情况下，具有评分者课程角色的用户将被授予此论坛角色。

第六，通过举办一系列的活动来推动讨论。在学生即学习者积极参与论坛讨论的时候，教师可以提出一些具有深度的问题来促进学习者更进一步地反思和深入地思考，从而引导学习者提出更多的问题。

### （三）网络教学平台讨论的监控和反馈

#### 1. 利用成绩指示板监控学生讨论情况

在 Blackboard 平台的网络课程之中，可以通过评估中的成绩指示板来具体监测学生们的讨论具体情况，具体的一些信息和数据包括：①帖子的总数；②上次发帖的日期；③帖子的字数，即帖子的总长度。

#### 2. 多维度评价学生讨论的情况

学生的评论在 Blackboard 平台的网络课程中具有两种形式。如果事先设定好了对话题评分或者对论坛评分的话，那么也可以在为话题和论坛评分时候看到学生讨论的具体内容和情况。同时，设置良好的评价制度，对于论坛的顺利运行有很大的好处。教师如果想要评价一个学生在论坛中的行为，可以从主动性、发帖质量、参与度和贡献度四个方面进行。主动性是指学生在论坛中分享自己在活动、作业等各个方面的进展，并积极参与讨论的主动性；发帖质量是指学生所发帖子与主题相关情况；参与度是指学习者发帖的数量情况，以及回复其他人的信息，提出建设性的意见，鼓励他人的情况；贡献度是指学生为问题的解决贡献自己力量的程度。

## 第二节 远程教育视野中的高校混合教学模式

### 一、远程教育中的高校混合教学技术

混合学习在我国远程教育领域得到了研究者和实践者的高度重视，从远

程教育的视角考察混合学习，能够更好地理解混合学习的本质及其应用的价值。将混合学习理念用于远程教育教学模式设计中，可以提高学习效率，丰富教学手段和改革教学理念。技术作为有效学习的另一个支撑，在混合式的远程教育中具有举足轻重的地位。先进的信息传递技术一方面为混合式远程教育的实现提供了保障；另一方面也优化了教育教学的过程，提高了教育教学的效率。

### （一）打印材料技术

文字的产生使得人类的文明得以更好地保存与延续。尽管文字媒体与口头语言相比显得更加抽象，但是，在人们的生活与交流中一直都是必不可少的部分。随着印刷材料的出现，教育方式发生了重要改变。学习者可以利用纸质材料随时随地学习。学习者通过与文字材料进行隐性交互，逐渐建构起个体的体验和知识，获得成长。

总而言之，远程教育运用了大量的技术与媒体，但这并不意味着将摒弃纸质材料。函授教育至今仍然存在。纸质材料并没有因为新兴技术与媒体的出现和兴起而退出历史舞台；反之，打印材料因为具有轻便、易于携带与保存、可供学习者随时学习与巩固等特点，在远程信息传递中也扮演着重要的角色。

### （二）音频会议技术

音频会议系统是一种比较特殊的音响系统，包括会议讨论系统、会议同声传译系统和会议表决系统。音频会议从技术的角度来看，其发展可分为模拟—数字—智能—腾讯会议。在远程传递中，音频会议能够为学习者参与远程混合学习提供支持服务。通过音频的方式，身在不同地点的与会者能够听到会议现场的声音，感觉就像在同一个大型虚拟会场一样。

### （三）图像传递技术

图像传递通常包括图像信号的数字化处理、传输和存储。图像信号的处理通常包括图像信号的识别、转换、压缩等。图像数字化技术把物理的光信号转换成为计算机可以识别的数值，以便于算法处理、远程传输以及长期存储。图像压缩技术可以在图像不失真或少失真的情况下，降低图像数据的传输率、减小占用信道带宽、减少占用数据存储介质空间，是图像信息处理的重要内容。常见的专用图像压缩技术有 JPEG、MPEG、小波变换等。此处，图像传递实际上就是指图像信号的传递。图像信号经过数字化转换与压缩处理之后，通过电视网、互联网等进行传输，到达用户终端。

总而言之，在远程信息传递中，图像传输技术提供了多种媒体工具技术的支持，如视频会议、广播电视教学等。学习者通过观看视频图像进行高效学习，同时由于视频图像具有直观、生动的特点，能够方便师生之间的情感交流，有效地弥补了远程学习对情感支持方面的不足。

### （四）实时协作在线工具技术

实时协作（RTC）由一些通信模式组成，如即时消息传递（IM）、Web会议和在线状态支持等，这些功能帮助人们通过计算机实现即时通信。即时消息传递是指通过"Internet 协议"网络（如 Internet 或企业网络）实时传输文本信息，再通过在线状态支持，用户能够检查位于一个或多个设备上的其他用户是否在线。这些功能促进了对信息、集成通信以及协作工作空间的即时访问，提高了整个组织的工作效率。人们利用实时协作，可以更快、更有效地共享思想、观念和信息，提高团队运作效率。目前，微软、甲骨文、谷歌（Google）、腾讯等企业都发布了实时协作工具。

早期，电话是唯一广泛采用的实时协作工具。现在，虚拟会议及即时消息等实时协作技术，如同电话一样成为人们工作以及学习环境的重要组成部分。实时协作能力也成为学习者的必备能力之一。在教学应用中，为了实现实时同步交流、互动而设计协作工具，支持文本聊天环境或者完全的虚拟教室。教师可以选择任一环境安排协作学习。除了文本聊天外，虚拟教室还提供了协作白板、小组页面浏览（页面游历）、问题和解答集锦，以及退出教室等功能，它可以在课程模式或开放式参与模式下运行，用户能够"举手"回答问题或得到完全的参与控制权力。需要注意的是，所有的聊天过程都将被记录和存档。

### （五）非实时协作在线工具技术

留言板、短信等都属于非实时协作工具。电子邮件是基于计算机网络的邮件信息系统。它可以传递文本、图形和文件。随着网络的普及，教师和学习者可以通过多种方式上网，如电话拨号上网、局域网、有线电视等。从时间和速度上来看，电子邮件是异步交互系统，但是，它的速度远远大于邮政通信。一封邮件可以在几秒钟或是几分钟之内到达对方的信箱。另外，教师运用留言板等，可以发起一个话题，学习者可以通过留言等方式自由发表意见。学习者也可以发布、共享各种信息和学习资源，或者就某一问题进行求助等。短信多用于个人直接的联系与沟通，因其便捷、移动的特点深受学习者的喜爱，也成为师生沟通交流的新方式。

## 二、远程教育中混合学习应用的影响因素

由于远程教育自身的特殊性（如师生分离、非正规性、开放性等特点），远程教育的教学活动有别于传统的课堂教学。在远程教育中实施混合学习，应主要考虑以下方面的因素：

### （一）学习需要因素

远程教育中的学习者大多是成人，成人学习者与传统高校的学生在学习目的、个人经历、学习环境以及学习期望等方面，都存在很大差异。他们当中，有的希望进行自定步调的学习，但缺乏学习自觉性而希望有更多的监督机制；有的只需要通过学习了解一些信息以更新知识结构；而有的又渴望与同行进行交流，甚至动手操作实验设备以培养必要的技能。因此，分析学习者的学习需要，能够帮助我们决定采用的学习方式是同步的、异步的，还是自定步调的。相对函授教学和远程教学，远程教育中采用混合学习具有如下优点：

第一，混合学习克服了远程学习中缺乏主观能动性的缺点。网络平台上学习者不用跟着教师亦步亦趋，有充分的自由，但同时也要结合课堂所学及时反思，通过网络平台的反馈及时调整学习计划，逐步形成自我管理、主动学习的习惯。否则，仅仅依靠几节课的讲授，学习者无法顺利完成课程的学习。对于那些难以独立进行学习的学习者而言，混合学习把他们从完全依赖教室里的授课，引导到能够逐步主动管理自己的学习和生活中。

第二，混合学习克服了远程培训中缺乏情感交流的缺点。混合模式中有面授环节，师生能够面对面地交流，符合一般人际交往的习惯。混合学习帮助免除学习者在完全线上，或完全面授课程之间作出艰难的抉择。

第三，在远程教育中应用混合学习的方式进行教学，可以从多个角度满足学习者的学习需要。教师既可以通过在线为学习者提供各种教学支持，也可以开展面对面的教学，教师与学习者之间、学习者与学习者之间进行充分的交流。

### （二）技术方案因素

远程教育中的学习者由于处于不同的地理位置，无论采用怎样的学习模式，可行性是最先需要考虑的问题。技术方案的可行性不仅要考虑学习者有无计算机、计算机的操作水平等，还要考虑计算机是否联网，是否支持学习者在家里、办公室和路上等不同地点。在进行移动学习的时候，学习者是否能够熟练使用计算机，以及上网是通过局域网联网方式还是使用无线网络，对于选择单个传输通道还是混合多个传输通道，都会产生重要影响。此外，在技术方案可行、各种媒体都可使用的情况下，还要适当地选择并且组合媒体，以实现用最少的付出成本获得最高的学习效果。

## 第三节　线上线下混合的高校课堂教学与评价

### 一、线上线下混合的高校课堂教学结构

在线上线下混合式教学中，上课前教师精心准备与教学主题密切相关的学习资源，并利用在线教学平台针对不同的学生发布个性化的学习任务（如教学内容的难度或者学习要求的不同）学生按照任务有序开展学习，遇到问题可以反复重看或者与同学教师在线上交流讨论。在整个课前的学习中，内容明确，目标清晰，为课堂知识内化的活动奠定了牢固的基础。

由于课前充分自主学习，课上都是带着疑问而来，不只是跟随教师的指导，与教学主题相关的知识储备，使得学生能够真正地参与到课堂的讨论中；课堂教学内容再也不是教师凭经验和教材主观判断出的重难点，而是课前学生真实发现并反馈的问题。因此，在课堂中，学生的学和教师的教更有针对性，互动性更强，学习氛围更热烈，从而使得面对面教学的时间得以充分地利用与发挥，提升了课堂教学时间的价值。总而言之，线上线下混合式教学的教学结构更符合学生内在的学习机制和需求。

### 二、线上线下混合的高校课堂教学评价

混合教学下的课程考试方式要突破以往"教室+试卷"的单一状况，考试内容就要改变过去，偏重书本知识的机械记忆和理解，而对学生的技能操

作和实践能力的内容考查较少的情况。根据在线学习与线下表现，建立多层次、多元化、动态、开放性的考试及其评价体系，结合多种形式，注重过程考核，以对学生能力进行全面而科学的检验。在线上线下混合式教学的整个教学活动组织过程中，教师要用评价贯穿课前、课中的整个学习过程。教师引导学生反思自己的学习，及时调整自己的学习态度和方法等，帮助学生养成反思和总结的习惯。教师则依据课前课中的评价结果，对教学过程进行反思和总结，及时改善后续的教学设计。

# 第四节 "互联网+"混合教学模式应用与实践

依托于互联网的快速发展和普及，互联网与教育结合衍生出的线上学习已广受欢迎，移动学习可以充分利用学生的碎片化时间，进行高效率的知识传输，将学习不再局限于课堂，提高学习自主性，因此，"互联网+"混合教学模式已进入了学校课堂。

## 一、"互联网+"教育时代混合学习模式的认知

信息时代不但拓宽了获取知识和信息的渠道，也保证了信息的即时性和新鲜性。在教育领域，借用现代化信息技术，丰富课堂容量，活跃课堂气氛，提高教学质量，已经十分常见。混合式教学模式的实施，离不开一个健全的"互联网+"教学环境的支撑。"互联网+"教学环境通常由教学情境、工具、资源和架构组织四要素而构成，需要对学习资源、学习方式、学习工具的选择做一个把控，为学生学习提供一个个性化、协作型的教学环境，促进线上线下混合教学模式的落实。线上学习为学生的自主学习提供了便利，具体表现为：课前为学生提供教学资源视频进行知识点预习，总结出疑难点；课中可以更有针对性地进行听讲；课后，通过线上练习，及时发现不足，对不懂的地方可以进行反复观看，有利于知识理解。让学生自主完成学习流程，将知识点弄懂。让学生的学习状态完成由被动到主动、由主动到自主、由自主到能动的转变，提高学生学习自主性。传统教学主要聚焦于课上答疑教学，对课前和课后的掌控力不足，不能充分利用。而线上混合教学，则完成了课前、课上、课后的一体化学习，利用信息技术，实现实时互动教学，注重学生思

维培养，使学生终身受益。

## （一）"互联网+"混合教学模式的落实措施

第一，加强软件硬件设施，保障混合式教学顺利落实。一项新教学政策的落实，离不开基础设施的支持。"互联网+"教学模式的落实，需要教师具备一定的信息技术能力，也需要学校提供教学资源丰富的网络教学平台，做好后勤保障工作，搭建稳定的线上教学设施。

第二，丰富网上教学资源，激发学生学习热情。教师可以通过制作精美的多媒体课件或者录制教学视频上传至教学平台，帮助学生在课后对所学知识进行复习，以此来吸引学生注意力，提高学生的学习热情，帮助学生更快更好地理解知识点。

## （二）"互联网+"混合教学在线活动的开展

为了有效地解决教学双方存在的矛盾焦点，提升线上教学平台的使用效率与效果，丰富在线教育课程资源建设的数量，提高在线教育课程资源建设的质量，强化教育教学的过程质量，督促教、管、学三方行为的有效发生，切实保证教育教学质量，培养符合地方经济社会发展的有用人才。以中开课程和省开课程的考核改革为突破口，本着边实践、边总结、边提升的工作思路与方法，先后通过课程学习与考核改革，实时导学组织与实施，非实时导学策略运用，线上与线下混合教学模式的实践，在线教学平台改造，网上学、教、管、评信息公开，引入网上教学观察员制度、评选我心目中的"好老师"等措施，丰富了在线教学平台的网上教学活动，营造了良好的网上教学文化氛围，初步形成独具特色的开展网上教学活动的线上与线下相融合的混合教学模式。

### 1. 构建网上"教管学"的长效机制

网上教学及管理工作既是一种常态，又是一种创新，其运行质量在很大程度上依赖于教学长效机制是否建立和健全。长效机制的构建源自清晰的教学及其管理战略构架和其在不同年度（学期）策略的实施。

（1）教学理念。网上教学是各个院校教学的重要组成部分，也是教师教学工作的重要内容。基于教学平台的网上教学应该是学生、教师、各级教学管理者之间的有效切合。通过共同构建知识、共同营造、优化网上教学环境，实现内容呈现、媒体载入、互动有效、管理促进等要素互动。

（2）战略思考。

第一，实现网上教学战略的组织点。作为统筹全校教学工作的教务处，对影响和决定教学质量和教学实施效果的因素（包括教学环境、组织形式、具体实现条件和学科特点）进行深入分析，提出网上教学以及管理的总体思路、战略构架和战术策略，让全体从事教学及管理的各级各类人员在思想和认识上有一个清晰的定位。

第二，实现网上教学战略的切入点。从教学过程相关环节着手，先易后难，寻找突破领域，从数量到质量、从自由散漫到规范运作，逐步净化教学环境，实现提高教学质量的目标。基础工作是关注常规教学，重点开展各类资源建设与运用，推出教学创新项目作引领，在网上学与教信息公开的环境中，对教学创优争先进行奖励，构建提高教学质量的长效机制。

第三，实现网上教学战略的突破。学生和办学单位在办学和学习过程中，其关注兴奋点是如何考试。经过多年的改革，通过寻找省校、办学单位、学生的兴奋点，将学习行为由关注和重视终端向关注和重视过程转变。

（3）战术选择。在符合战略考虑的前提下，不同年度或学期所采用的教学战术策略及重心相对有所不同。省开课程学习与考核改革的核心是强调学习与考核的过程化。对于资源丰富、师资力量相对较强的课程，实行在线学习评价、在线考试评价、操行评价等复合考评；对于资源相对丰富或师资力量相对不强的课程，实行将期末纸质考试变革为网络在线考试。

（4）长效机制。教务处应认真研究学生、教师、各级教学管理部门与在线教学平台之间的有效切合，不断固化、强化、活化、深化网上教学活动，跟踪、监控、公开、分析网上教学行为，通过引领、复制、推广、奖励网上教学创新成果等制度，建立网上教学活动长效机制，提升网上教学的质量与效果，推进网上教学向纵深发展。

## 2. 活化网上实时和非实时交互教学

基于网上导学的实时和非实时两个视角，从回帖、教学策略、整理公布、核心团队建设、落实、监控等方面，对实时导学的过程进行分解和细化，在落实中保证质量；从构建校部、办学单位、学生之间的联动机制，延伸讨论的广度与深度、丰富和创新在线讨论的形式、应用教学策略等措施规范非实时导学的相关环节，提高参与率，在创新中提高质量。

（1）分解并细化非实时导学的工作阶段。网上非实时导学的过程管理的绩效主要是从教学策略、回帖、整理公布、核心团队建设、落实和监控等方面进行评价。

第一，从教学策略的方面，来实施对学习者的导学过程。网上教学的有效性应当以灵活、恰当的策略、合理的实施程序和灵活、科学为保证。一方面是应用一定的教学策略来鼓励学生发帖，引起学生讨论的兴趣。例如，通过致学习者的一封信来营造开课氛围；每月按课程教学进度在"课程讨论区"内提出结合课程教学内容的重点、难点问题或综合案例的讨论题；还可通过提前将课程讨论主题和安排置顶或设置成精华帖的方式来引导学生交流。另一方面是积极探索网上的教学交互形式、教学内容与教学策略的最佳匹配，从而实现每一个具体的教学目标的最优的交互途径和形式，以及保证每一次的网上交互有效的管理与组织。

第二，从回帖方面来实施对学习者的导学过程。教师回复学生帖子的回复质量和回复时间，会对学生接受网络的程度以及学生的心理都会产生巨大的影响。一般而言，网络环境中的师生交互的成功与否，很大程度上是取决于教师是否及时回复了学生的帖子。换言之，如果教师积极及时地处理和回复了学生的帖子，会使学生逐渐养成网络学习的好的习惯，并且养成乐于和教师进行交流的习惯，从而培养了论坛的人气氛围，形成了师生交互的一个良性的循环。

第三，从整理公布方面来实施对学习者的导学过程。责任教师每月定期整理课程论坛或建立课程学习问题库文本，予以公布且便于查找。

第四，从组建核心团队得到方面来实施对学习者的导学过程。在网络课堂教育教学过程中，教师不一定是讨论活动的唯一引导者和组织者的自主学习前提条件下，参与者的回帖量和讨论过程的发展态势是密不可分的。对于课程学习者人数较多，学生提问比较多的课程，有针对性地组建课程答疑团队（教师团队和学生团队），鼓励学员之间的交流和互动，活跃学员（核心学员）的参与（引导和激励）。探索建立学生答疑团队，充分发挥活跃学员或核心学生的参与度，构建学习共同体。采取有效措施倡导、引导、鼓励学生之间的交流，促进他们相互解答问题。首先教师可以将一些简单且易于回复的问题留待学生去回答，教师回复难度较高的问题；其次教师可以组建核心学生团队，开展学生交流与互动，形成一种无形的，但学生看得见的答疑团队，在教学过程中，逐步形成学生间的学习共同体。

第五，从政策落实方面来实施对学习者的导学过程。教师寻找学生的兴趣点、兴奋点及热点话题，利用课程论坛空间主动引导和开展网上学与教互动活动。部分课程教师利用此空间，上传学生喜闻乐见的各种辅助性学习材料、课程形成性考核和评析、各种社会考试的评析材料、如何借助论坛开展学习交流的方法等主题帖，为学生提供支持服务。

第六，从监控方面来实施对学习者的导学过程。首先，教务处定期对课程论坛的运行情况进行监控，主要包括以下指标：论坛名称、帖子总数、主题帖数、回复帖数、精华帖数、置顶帖数、发帖用户数、一周新帖数、回复率、人均发帖数、新帖率；其次，系统自动提供回复为零的帖子清单，供教学管理部门的专业课程教师参考。

（2）规范并落实网上实时导学的环节。

第一，组织联动。为了确保网上实时教学活动的有效实施，在教务处的统筹下，正确处理教务处、教学部、办学单位、学生四个方面的关系，从组织上形成教学管理团队，从管理上形成科学的联动机制，为后续建设网上教学管理联动团队奠定基础。

教务处——统筹规划、运行监控：①规划学期对话讨论的总场次和审核讨论主题，平衡讨论课程的专业分布、课程类型分布及时间分布；②协调将讨论安排在网上发布，并印发文件；③指导和协助办学单位选择讨论场次，督促办学单位组织学生参加讨论；④对讨论的运行情况进行监控，定期公布。在讨论总场次规划上规定：以教学部为单位，每学期每位教师讨论场次至少10场次；核心课程、公共基础、课改课程的实时对话讨论场次原则上不低于2场次；其他课程不低于1场次。预计总场次300场次。在讨论类型上，各教学部必须实施不低于3场次的网上双向视频讨论。

教学部——设计主题、教师参加：①提出讨论具体安排；②教师积极准备讨论材料；③参加讨论并解答学生问题；④总结讨论，形成资源并及时发布到网上；⑤评估讨论质量，提出改进方案。

办学单位——组织学生、选择参加：①选择参加的场次报教教务处（学支中心）备案；②按选定场次组织学生参加讨论；③将网上讨论的情况作为学生形成性考核成绩的重要组成部分，以及办学单位网上教学管理与组织的重要内容；④提出改进建议，作为评选优秀教学组织的条件之一。

学生——积极参加、完成学业。通过要求学生参加教学互动，促进学生主动学习、互助学习和利用网络学习与交流的能力，力图借此构建团队学习的优良品质。

第二，任务落实。每学期第二周内以教学部为单位完成网上实时导学的安排，并提交教务处，教务处将审查合格的安排全部发布到网上，提前五天时间滚动显现，方便学生从主页直通。同时，以学校名义将实时导学安排印发成文件。办学单位根据实时导学安排，结合专业和课程选定参加场次并报教务处备案，组织一定数量的学生按时参加讨论。

第三，过程监控。过程监控主要是从事前、事中、事后三个环节对网上实时导学进行过程性监控。

事前的导学安排监控。教务处导学课程在专业中的分布，导学主题是否与课程和实际相结合，导学时间在学期内的月度分布、周度分布及时间段分布等进行审查。

事中的导学实施现场监控。教务处指定专人或聘请观察员随机进入导学现场，跟踪导学实施情况。

事后的导学统计监控。通过平台自动统计和人工统计两个途径。

### 3. 独创互联网的"1+6"课程教学

为了有效地提升学生使用现代远程教育技术手段进行远程学习的能力，解决学生学习的时空矛盾，提出基于线上线下相融合的课堂教学与考核的"1+6"模型。在"互联网+"教育背景下构建"以学生为中心"的课程教学"1+6"模型，1代表"学生为中心"的内核，6代表"教育观念""教学模式""教学设计""教师工作""信息挖掘""管理监控"的外延。其逻辑关系是通过技术手段进行师生教学数据挖掘，通过管理监控手段促进教师围绕教学模式开展教学设计和教师工作，继而达到"以学生为中心"的"时时可学、处处能学、人人皆学"教育观念，切实达到教育教学的培养目标。

在"1+6"课程教学模型之中，外延的重心在于"教学模式"，在大量的教学实践中，建构"线上与线下相融合的课程教学模式"，线上教学即为"网络学习+自选资源+互动答疑+作业测评"，线下教学，即为"自主学习+面授教学+小组学习+实践教学"，其逻辑关系为：线上学习是线下学习的基础，线下学习是线上学习的扩展，线上与线下相互联系，互为促进，通过面授课堂、网络课堂、实践课堂、网络考核等教学手段的互为补充，通过"教学管、测、评一体化"来切实保证教育教学质量，全面锻造符合地方经济和社会发展的有用人才。

### 4. 跟踪与公开网上教学的相关数据

基于网上学习环境和教学的建设，可以从教师教学数据、办学单位教学数据和课程论坛的监控与分析三个方面，跟踪、监控和客观评价网上导学的成效，提升网上教学的有效性。

（1）教师教学数据。教师教学数据主要公开每位教师的在线时间、登录次数、网上资源上载数量、教师发帖与回帖、论坛回复率、网上实时导学场次等的动态数据。为了进一步分析教师的网上教学详细情况，还对在线时间、上载资源和论坛交流等指标按月和周进行统计。

（2）办学单位教学数据。例如，通过"学生登录的时间段分析"反映学生网上学习的进度和网上学习是否均衡等数据情况，还可以通过其他数据的监测来分析学生的其他情况等。

（3）课程论坛的监控与分析。第一，平台自动提供指标。由平台自动提供发帖用户数、帖子总数、主题帖数、回复帖数、最近一周发帖数、置顶帖数、精华帖数等指标。第二，统计分析。可以从课程讨论的活跃度和持久性两个方面分析和评价课程讨论的质量。

**5. 实行网上教学第三方观察员制度**

（1）实行观察员制度的原因。为了加强网上教学的力度，提高其透明度，将普通高校网络教育学院践行的教学观察制度引入到网上教学过程，即聘请网上教学观察员（教师身份和学生身份），对基于在线教育平台开展的网上教学从多视角、多环节进行观察，从中发现成绩和问题，提出整改建议，为学校领导和教学管理部门提供网上学、教、管的第一手资料。设置学生观察员，这是提升同学收集能力、归纳能力、研判能力的机会，更可以借此提高专业和课程水平。设置教师观察员，可以让教师们通过互相学习和借鉴，提高自己的业务能力。

（2）观察领域和内容。对在线教育平台进行观察，包括在线教育平台界面的登录与停留是否顺畅，网上教学信息公告的时间是否及时，专业规则与教学计划衔接是否一致，课程平台栏目与资源更新在内容和时间上是否符合要求，学生浏览和点击资源的数量与时间是否符合教学要求，学生在论坛发帖交流在内容和时间上是否符合要求，教师在课程论坛的回复率和回复质量是否符合要求，课程实时导学在计划、实施、总结上是否符合要求，网上学习支持在服务教学和管理上是否到位等。

（3）观察方式。观察员以网上教学观察员特别账号登录平台实施定期和不定期的观察。为了有效监控观察员，加强对观察员的跟踪，确保其有效性，后台每天跟踪观察员的工作轨迹,特别是其在网上论坛的发言情况。

**6. 大力推进省开课学习和考核改革**

(1)大力推进省开课程考核改革,促进网上资源的建设与运用。网络技术已经渗透到社会的每个领域,教育更是如此,考虑到成人、业余、开放之特点,将学习者、网络、学习评价这三个元素有机和有效结合,才会使学习更加实用和有趣。

(2)加大网上资源建设和应用的力度,实现资源与课程改革的融合。通过加大对省开课程考核改革的力度,学生利用网络平台开展学习的热情和行为较之以前有实质性的变化,但在线平台的教学资源(特别是省开课程的资源)与之不适应。首先从省开课程着手,以考核改革课为突破口,从政策和管理着力点上,引导教师把管理课程的结构从必修课适当转向省开课;其次对不同结构的课程在资源建设与运用上采用不同的策略。

## 二、"互联网+"混合教学模式的建构及应用

混合式教学模式的建构以建构主义理论、掌握学习理论、临场感理论等为指导,突破原有教与学的单一关系,而形成了一种相互关联的优化状态。混合式教学模式可以分为四个阶段:课前准备阶段、课堂面授阶段、课后巩固提升阶段和综合测评阶段,下面以《道路勘测设计》课程在超星平台教授为例,研究"互联网+"混合教学模式的建构及应用:

### (一)课前准备阶段的建构及应用

课前准备阶段是教与学的初始阶段,是围绕具体问题而展开的实践探究活动。根据本课程的特点和教学目标,通过一个完整具体的某段公路路线设计项目,把选线与定线、平面设计、纵断面设计和横断面设计等各部分教学内容串联起来,涵盖几乎所有需要掌握的知识点,达到学生能力培养要求,实现理论和实践的紧密结合。在超星教学平台上,上传课程基础知识资源,如课程标准、单元教学设计、课程课件、教学微视频等;扩展性知识资源,如在线测试习题、动画、图片库、参考教材等;课外延伸资源,如工程案例、规范、仿真视频等,这体现了在线资源的多样性和多维性,是学生能否坚持完成学习任务的前提和混合式教学模式实施的关键。

教师制作的微视频是学生课前自主学习的主要资源,其制作要内容明确,符合学生认知规律,选择简洁具体、短小精悍的重难点,把一个知识体系拆

成若干个知识点,即碎片化。围绕选题,按照任务有层次地展开,每节视频的时长控制在 8～10 分钟左右。例如,在教授"圆曲线半径选用"这个知识点时,首先,运用举例法,通过现实中车辆在弯道行驶发生的事故短视频切入主题,分析车辆在弯道上行驶的受力情况,给出圆曲线最小半径的公式;其次,讨论圆曲线最小半径的应用并通过工程实例具体展示;最后,总结引申新的内容。

在面授前,由任课教师根据调查,从学生的能力水平、学生关系和性格等方面进行分组,使各小组实力尽力均衡,这样有利于学生积极参与和互助交流,引导学生由被动学习变为主动学习。教师按照课程内容和难易程度制定学习任务单,通过超星平台发布自主学习任务单并设置完成时间节点。任务单的内容要符合学生现有的知识水平和认知能力,主要包括知识点、重点和难点、课前任务自测和疑难点及建议。

小组学生根据任务单上布置的任务确立小组分工,利用各种移动设备如手机、笔记本电脑、平板电脑进入超星平台,自主规划学习课程资料,在规定时间内完成课前测试,并可以将疑难点,提交到超星平台上进行分享讨论并交流学习经验、分享学习成果等,教师可以有针对性地对共性问题答疑解惑,促进学生之间、师生之间的互动,建立良好的交互渠道。学生的自主学习过程中,教师可通过平台追踪每位学习者的学习进度、学习频率,对学习滞后者给予及时反馈、督促通知。教师通过分析平台学生网上学习时间、视频观看时间及交流情况,对学生学习的过程给予评价,通过课前任务完成情况,了解学生尚未掌握的疑难点,在面授环节重点讲解。

### (二)课堂面授阶段的建构及应用

学生已经通过超星平台完成了在线学习,因此课堂面授的关注重点从教师是否完成知识点的传授,转移到学生是否掌握知识点并灵活运用,课程设计将主要围绕存在问题、目标、要点进行。教师在课堂上针对学生线下学习的疑难点进行课堂解析并在深度和广度上进一步延伸,并考虑学生的认知水平,体现出教学针对性和因材施教的教学理念。由于道桥专业班级人数一般不超过 50 人,有利于以任务和项目为驱动的小组展开合作学习,便于教师主要针对课程难点和实践环节指导,如此便可让学生进行实践展示和小组汇报,教师进行点评。具体的流程为:知识点解析—提出问题—小组团队协作—师生互动—总结—扩展—在线测试—任务布置。为检查课前学习情况,对基础知识回顾强化，上课前教师可以通过知识竞赛或闯关练习的方法来检测学生掌握情况。可以按照课程知识点顺序，以基础知识为主，由易到难进行设计。为更好地对课程知识进行系统化总结，教师可对复杂知识点进行精讲总结，而普通知识点就可交由学生总结。为培养学生解决工程实际问题的能力，加深对知识的理解，可以通过小组讨论、协作探究的方式对实际工程中的难点进行讨论。另外，可设置一些较高难度的问题进行扩展练习，培养其探究学习能力。

### （三）课后巩固提升阶段的建构及应用

作为实践性很强的专业课，课后的实践和交流是《道路勘测设计》课程中十分关键的环节，展现出混合式教学模式优势的一面。教师在超星平台上搭建作业库和习题库，布置作业，让学生把所学知识付诸实践。学生通过平台及时提交作业或测试，教师实时批改，以掌握学生普遍存在的问题，并结合这些问题在平台上与学生进行沟通，最后进行课堂总结和反思，以便下次见面课能调整出更加适合学生学习能力的教学计划。这种方式能够缩小师生的距离，增强学生对教师的信赖和感情，提高教学效果。

教师可以就重难点等知识或与课程相关的、结合工程实践的知识扩展方面，与学生在讨论区互相讨论交流，并实时点评讨论，以巩固学生对知识的掌握。另外，教师和同学可以通过学习平台点对点地进行文字、语音或视频交流，利于教师帮助对知识理解不透彻的学生，给予其更详细的辅导，也方便更优秀的同学进行知识层次的提升。

教师在超星平台资料库中，上传与道路勘测设计课程相关的最新规范和工程实例，方便学有余力的优秀学生自主学习，满足学生自主探究以及个性化学习的需求，扩展了学生的知识面，对培养学生走上工作岗位、解决工程实际问题的能力具有重要影响，并对培养学生在入职时就具备强烈的工匠意识、优秀的工匠品质、良好的工匠习惯具有关键作用。

总而言之，在整个学习过程中，教师针对学生的表现要给予实时的引领并建立相应的奖励机制，学生每次提交的作业、有效的留言或抢答问题，教师都应在学习平台上给其相应的积分，并汇总到最后综合测评中，通过这种方式能充分调动学生的积极性和师生的互动性。课程的整体设计、组织、实施环节过程，不仅能提高学生兴趣和创新思维能力，也将持续提升教师的综合能力。

### （四）综合测评阶段的建构及应用

基于超星学习平台的混合教学模式扩展了学习过程，丰富了学习形式，混合了学习环境，为评定课程成绩提供了更为全面的标准。课程以知识目标和能力培养为核心，以多元考核评价为原则，采用过程考核、能力考核和理论考核于一体的考核模式。换言之，教师利用在线开放课程进行过程考核，通过在线课程作业、随堂测试的成绩、互动讨论、签到等环节实现了在线学习的评价，并督促学生完成课前、课堂、课后整个学习任务，丰富了衡量学生知识水平和素养的评定标准，实现了全方位、多维度的过程性考核。

能力考核主要考核线下课堂参与活跃程度，小组协作完成设计内容过程中计算准确性、设计的规范性及成果的展示能力等，是对实现实践运用和创新能力的考核。另外，教师利用期末闭卷测试成绩的评定实现基础考核，反映学生对整门课程理论知识的综合掌握情况。通过这种多元化的评价方法可以全面客观评价学生表现，也为混合教学模式的改进、教学效果的提高及教学活动的反思提供了依据。

## 三、"互联网+"混合教学系统的设计实践

下面以英语教学为例，研究"互联网+"混合教学系统的设计实践：

### （一）"互联网+"混合教学系统的设计策略

#### 1. 将传统课堂和翻转课堂整合

在开展英语教学时，在应用混合式教学模式的过程中，可以基于传统课堂教学，有效融入翻转课堂，对基础性的教学内容进行前置、翻转，让学生提前利用网络视频了解所要学习的知识，使其在后续的教师指导下更好地学习英语。在"互联网+"环境下，英语教师可以根据专业差异，在掌握学生英语学习需求的前提下，优化设计微课教学环节，落实个性化教学，使不同学生的英语学习需求都得到充分满足。通过混合式教学模式，教师可以向网络学习平台上传相关的学习资源、学习任务及学习目标，使学生提前了解课程大致内容，按照教师的指引完成英语学习任务。学生能够结合自身的实际状况，合理安排时间观看微课视频、学习文档，做好预习准备，提升英语自主学习能力。在实践教学工作中，教师和学生能够开展线上沟通和交流，及时解决遇到的问题。教师也可利用网络平台，实时监督和引导学生学习。

第六章　高校混合教学模式的重构与实践研究

在英语的实际教学过程中，教师可以结合微课视频中预习的知识，设置专项课题，组织讨论、交流活动，使学生在课堂讨论过程中能够彼此学习、答疑解惑，更好地学习和掌握英语知识。教师应将传统课堂教学、基于微课的翻转课堂进行有机整合，发挥好引导者的作用，确立学生为英语课堂的主体，保证学生学习方向的正确性，解决学生在学习过程中遇到的疑惑。教师可以将学生划分为不同小组，开展分组学习，让学生以小组为单位在课堂中集体展示学习成果，以便增强学生的综合英语能力。课后教师还可以利用微课视频对课堂知识进行总结，帮助学生巩固知识，保证学生获得良好的学习成果。

## 2. 构筑移动网络学习相关平台

在互联网技术迅速发展、智能终端设备日益更新的时代，笔记本电脑、平板电脑和手机成为高校生进行社交、学习的重要工具。尤其是在"互联网+"背景下，面对在线学习的发展趋势，高校要利用好移动学习平台的优势，使学生通过自主学习、个性化学习，获得更加便利和高效的学习方式。高校要搭建移动网络学习平台，利用好学生的碎片化时间，方便学生在手机或平板电脑上观看英语教学视频、英语新闻等，丰富和充实英语教学内容，提高英语学习效率。在营造良好的移动网络学习环境时，高校应鼓励学生开展自主学习活动，主动搜索有关英语教学的资料，并及时推送给其他学生，与传统英语课堂形成互补，从而让学生在良好的英语学习氛围中提升英语学习水平。另外，高校还可以针对网络英语学习平台和网络英语学习资源，开发英语学习App，帮助学生顺利开展英语学习。

在开展英语教学时，高校英语教师要结合自身专业特征和实际状况，帮助学生树立正确的英语学习观念，使学生将自身专业、从事行业同英语学习有效整合，以此为基础有针对性地选取英语学习App。教师也要了解学生的个性化需要，以需求为导向对App学习方案进行科学设定，为学生更好地开展英语学习提供保障。在鼓励学生借助App开展自主学习的过程中，教师要考虑不同学生的英语水平，提供包括英语词汇学习、英语词汇强化、英语听说读写能力提升等在内的一系列应用程序，使学生的英语综合学习、运用能力都得到增强，这样才能充分体现英语学习App的价值。在使用英语学习App时，学生能够通过多样化的方式来锻炼英语能力，包括英语视频配音、英语名著阅读、英语词汇小游戏等，这些方式能有效地激发学生学习英语的积极性。在全新的教学模式下，学生能够更积极地投入英语学习，提高英语成绩。

### 3. 完善多元混合教学评价机制

在转变高校英语教学模式的同时，也要对传统英语教学评价机制进行改革和创新，构建多元的混合教学评价机制，使英语教学评价更加科学化和全面化。教师采用混合式教学模式后，借助更新的评价模式能够有效地评估其开展的效果，更好地满足混合式教学的需要。高校在"互联网+"环境下，要建立多元混合教学评价机制，要侧重对教学过程的评价，将形成性评价与终结性评价整合起来，以此来考查学生的学习效果。以往的终结性评价，教师仅通过期末测试的方式来考查学生的学习成果。而采用过程性评价，英语教师可以从多个角度着手，全面落实评价工作，包括课堂测试、课堂交流、课堂讨论、教学活动等。另外，教师在制订多元混合教学评价机制的时候，要注重丰富评价方式，开展教师评价、学生自评、学生互评，让学生了解所取得的学习成果，明确自身的不足，及时调整学习计划，不断完善自我，获得进一步的发展。

### 4. 提升教师的信息化教学能力

作为英语教学工作的主体，高校英语教师要深化英语信息化教学改革，不断更新自身教学理念，更好地利用信息化教学手段，提升英语教学能力和水平。一方面，英语教师要在教学过程中学习全新的教学理念，不断积累经验，熟练掌握信息化教学手段，在深入了解混合式教学模式的基础上，积极引导学生开展英语学习活动；另一方面，英语教师还要积极参与院校针对英语教师定期开展的培训和再教育等不同形式的活动，从而更好地运用全新的教学工具、技术，这些活动包括但不仅限于举办英语沙龙、英语讲座、英语论坛、信息化技能培训等。尤其可以多参与面向英语教师组织、开展信息化教学竞赛活动。这类竞赛活动由专业人员进行评价，并制定激励机制，形成了长效机制，能够达到教学相长的效果，逐渐打造出一批专业能力较强、综合素质较高、信息化运用水平较强的优秀英语教学团队，确保了英语教育教学改革工作的开展，有效地提高了英语教学质量。

"互联网+"环境下，采用混合式教学模式开展英语教学已经成为趋势。该模式能够促进师生间的沟通和交流，对改善英语教学质量有重要意义。高校实施英语混合式教学模式具有非常重要的意义，可以将传统课堂教学、基于微课的翻转课堂进行有机整合，构建移动网络学习平台、促进学生利用App开展自主学习，建立多元混合教学评价机制、改善英语教学质量，提升英语教师信息化教学能力、形成长效机制，提升学生的自主学习能力，充分发挥互联网英语教学资源的优势，实现线上和线下教学的协调整合，促进大学英语教学模式的不断完善，提高了学生的英语能力和水平。

## （二）"互联网+"混合教学系统的设计运用

### 1. 基于"互联网+"的英语混合教学设计实践

"互联网+"环境下，混合式教学模式能够有效提高大学英语教学效率，营造良好的教学环境，全面提升大学英语教学的水平。开展"互联网+"环境下，大学英语混合式教学模式研究具有非常重要的意义，通过建立全新的混合式教学模式，能够提升大学英语教学质量，更好地指导大学英语教学工作的开展。

混合式教学模式有效整合了互联网技术和传统教学方式，使教学模式呈现出多元化的特点。从本质上看，混合式教学模式是通过对在线教学与传统教学的优势进行整合，并采用线上和线下相结合的方式来落实教学工作的。这不仅能够提高教学质量，还可使教学工作的开展更加便利。通过混合式教学模式，教师能够起到积极引导和监控的作用，可以不断启发学生，给予学生指导。同时大学生的主体地位也愈发重要，其自主学习能力得到了锻炼。

通过有效融合微课、微信和教学辅助软件，英语将翻转课堂理念融入教学，使学生可以基于网络平台开展自主学习活动，突破传统课堂在时间、空间上的限制，与传统英语课堂形成有效互补，提高了英语的教学水平和教学效率。传统教学模式与互联网技术整合不仅是时代发展的要求，也是深化英语教学改革的必然需求。在此背景下构建起的混合式教学模式，对英语教学方式、形式进行了有效创新，使得英语教学资源更加丰富、教学手段更加多样，使学生能够更加高效地学习英语知识、提升学习能力及英语水平。

对于高校而言，通过混合式教学模式可以构建起高效的英语课堂，显著提升教学效率。在"互联网+"环境下，面对全新的教学环境以及趋势，如何利用信息技术开展教学、探索更加高效的英语教学模式，对高校而言尤为重要。开展英语教学活动时，利用多样的教学方式和手段，借助全新的信息化教学模式，将促进大学英语教学的信息化发展进程，推动英语教学可持续发展。

对于高校英语教师而言，在"互联网+"环境下，通过采用混合式教学模式，可以有效转变教师的教学理念，增强创新意识，提升综合教学能力，有利于掌握不同的教学方式和手段，更好地促进信息化教学。

对高校学生而言，信息技术的不断发展和更新，使英语学习环境发生了很大的改变，越来越多的教育方式，已然应用到英语教学过程中，如手机课堂、微课、翻转课堂等。学习渠道的愈加丰富，使学生能够结合自身需求更加便利地开展学习，有助于其提高自主学习能力，激发学习积极性，从被动学习转变为主动获取知识。同时，在大学英语教学中采用混合式教学模式，也便于教师进一步挖掘和运用英语教学资源，深入分析国外文化知识，使教学内容更加充实和丰富，进一步开阔学生的视野，增强学生的综合能力。

### 2. 基于"互联网+"的体育混合教学设计实践

高校体育教育所具备的教育功能、育人价值，一直是教育界研究的重点问题。对于高校而言，优化体育教学，促进体育教学改革，提升体育教育质量，是一项重要的教育任务。在"互联网+"背景下，高校体育教学有了更多的模式选择，如混合学习模式，对此，高校需认识到"互联网+"教育的内涵和意义。高校体育混合学习模式，是线上和线下的混合，也是课内第一课堂和课外第二课堂的混合，为了详尽阐述，本书将从课前、课堂、课后三个维度阐述"混合学习模式"教育。

（1）课前——引用标准体育动作视频，引导学生课前预习。

第一，在"互联网+"背景下，有大量使用视频动画教学资源来代替教师的课堂演示，教师可以在相关动画视频教学资源网站上下载教学课件，或者利用手机、相机等摄像设备拍摄动作演示视频，并根据实际情况对教学课件进行整理、修改等，力争创造出最合适的教学课件，让高校体育教学更加科学合理。一个体育知识点的教学课件时长最好在10分钟左右，因为10分钟是学生学习思想最为活跃的时间段，超出10分钟，学生的学习兴趣会随之消减，学习效果也会慢慢变差，10分钟的时间开展课前学习，也不会让学生太过抵触。

第二，混合学习模式的特点之一，在于它能扩展学生的课堂课外时间，调整教学结构，将线上和线下混合在一起，将课内第一课堂和课外第二课堂混合在一起。教师在制作好动画视频教学课件后，可以上传到慕课等线上教学平台，甚至微信群中去，将动画视频教学课件推送给学生，让学生自行下载观看，也可以发布教学指令，让学生自行在网络上搜索体育教学资源，并自行学习，可根据实际情况而定。课前的学习让学生对本堂课所要学习的体育知识内容有初步理解，会减少课堂教学的压力。在课堂教学中，教师应少讲解理论知识，直接引导学生展开自主训练。

（2）课中——善于运用大屏幕，边看边学。

第一，播放体育动作内容。教师在体育课堂教学中，应利用好操场大屏幕，直观清晰地放映体育动作，引导学生规范化、标准化地进行体育训练，体育教学效果会更好。例如，体育课程开展军体拳演练，教师可在操场大屏幕上放映军体拳动作，通过更直观、更清晰的视频展示，让学生对军体拳动作深入了解并精准掌握。

第二，让学生思考理解。在让学生掌握一项体育项目时，教师也要传输渗透一些与体育价值观相关的教学内容，此时就需要学生独立思考，充分理解。为了能够让学生更加深入地思考，教师可以布置一些教学问题来引导学生，让学生围绕问题或任务展开探索，学生可分享自己的理解，也可提出困惑，如此，也能够进一步加强学生的理解和解决困惑的能力。例如，体育课程展开"篮球训练"，给学生播放篮球挡拆技术的"一挡二背三拆"。"背"的技术动作是在挡完之后，为了让掩护更有力度，创造更大的进攻空间，掩护者不应立刻作出后续拆分动作，而应作出"背"的技术动作，调整脚步面朝篮筐，将防守者卡在身后。这一动作非常容易被学生遗忘，教师可以提出问题，让学生认识到"背"动作的重要性，学生就能更好地理解及应用。

第三，体育项目是非常注重实践的课程，学生只有通过实践才能融会贯通、熟练掌握这一活动项目。学生实践活动中会出现各种各样的问题，只有不断解决问题，才能不断提升学生的实际竞技能力。在一定程度上，学生进行体育锻炼的同时，教师可以在操场大屏幕上不断播放标准体育动作，为学生指点，这样学生的动作就会越来越标准。

（3）课后——课后积极扩展，拔高训练。课后阶段是学生复习、巩固的阶段，高校体育教师可以根据实际情况给学生布置一定的作业，让学生在做中学，在做中提高。教师可以借助数字化教学课件的力量，让学生一边观看一边做动作，展开深入探索。基于"互联网+"教育，学生也可以和教师建立良好联系，学生有任何困惑可以及时问问教师，教师也应及时解决，避免问题堆积，或是课外线下组织教学活动，如组织一场竞赛活动等，都是可行的方式。

# 结束语

混合教学模式作为一种新型的教学模式,充分利用了线上网络教学的优势,并受到教育界的普遍欢迎。本书以"重构高校教育教学形态:混合教学模式的探索与实践"为选题,对高校混合教育模式进行了深入探讨。全书内容设计广泛,可供高校教师及相关研究学者参考使用。

# 参考文献

[1] 秦啸.混合式学习的启发[J].教育教学论坛,2020(50):352.

[2] 邹蓉.混合式学习概念探究[J].北京宣武红旗业余大学学报,2017(2):237.

[3] 张晓慧,王丽丽,栾岚.大学英语混合式学习探究[J].黑龙江教育(高教研究与评估版),2021(7):66.

[4] 刘巧梅,郑媛媛.高校混合式教学模式改革的推进[J].文教资料,2020(36):195.

[5] 郭耀红.高校混合式教学现状与问题研究[J].山西青年,2021(24):231.

[6] 王丽娟.高校混合式教学模式改革推进策略探析[J].现代职业教育,2019(34):68.

[7] 莫祥伦,金晓红,李鑫.基于构建主义的高校混合教学探索——以铁路信号课程为例[J].科教导刊,2022(33):90-92.

[8] 张芳.高校混合教学模式下基于激励的在线教学互动策略研究[J].科教导刊,2020(32):14-15.

[9] 刘欢.新文科背景下《财务报表分析》课程体系建设与教学模式改革研究[J].商业会计,2022(22):120.

[10] 翟苗,张睿,刘恒彪.高校混合式教学形成性评价指标研究[J].现代教育技术,2020,30(9):35.

[11] 姚林香,周广为.高校SPOC混合教学模式的设计和教学效果分析[J].教育学术月刊,2018(12):92.

[12] 崔灿.SPOC混合教学模式在地方高校中级财务会计课程中的应用[J].商业会计,2019(11):124.

[13] 金欣.高校网络教学平台建设初探[J].福建电脑,2011,27(3):16.

[14] 杨宁宁.普通高校网络教学平台的设计分析[J].军民两用技术与产品,

2014（13）：200.

[15] 李靖. 民办高校网络教学平台建设的思考[J]. 电子世界，2014（8）：241-242.

[16] 高芳，孟祥杰，于南飞. 民办高校网络教学平台的建设与应用[J]. 产业与科技论坛，2015，14（7）：139-140.

[17] 杜海艳，司玲玲，王亚楠. 高校网络教学平台的现状与应用研究[J]. 产业与科技论坛，2011（8）：207-208.

[18] 冯艳，杨淑辉. 高校网络教学平台可持续发展策略[J]. 沈阳师范大学学报(社会科学版)，2014，38（5）：145-147.

[19] 朱德权. 地方应用型高校网络教学平台应用推广策略[J]. 池州学院学报，2015，29（6）：134-136.

[20] 詹劼. 大数据在高校网络教学平台中的应用措施[J]. 中国新通信，2018，20（11）：182.

[21] 吴艳洁. 大数据在高校网络教学平台中的应用[J]. 无线互联科技，2016(19)：90-91.

[22] 张慈珍. 高校网络教学平台建设的必要性探析[J]. 南昌教育学院学报，2011，26（7）：60，62.

[23] 李靖. 地方应用型本科高校混合教学模式应用研究[J]. 速读，2021（34）：126-128.

[24] 黄海风，刘培国，唐波，等. SPOC：高校混合教学新模式[J]. 高等教育研究学报，2016，39（2）：43-48.

[25] 叶小露，涂相华，贺丹丹. 高校混合教学线下课堂设计研究[J]. 中国教育信息化（高教职教），2020（7）：31-36.

[26] 徐靖喻. 普通高校混合教学模式构建研究[J]. 教育评论，2022（6）：140-143.

[27] 廖宏建，张倩苇. 高校混合教学就绪指数构建与评估应用[J]. 电化教育研究，2019，40（3）：59-67.

[28] 周波，徐启江. 数字化时代高校混合教学的研究与实践[J]. 高等农业教育，2020（6）：74-78.

[29] 高雪，闫苗苗，潘效红. 高校混合教学对大学生个性发展的影响及问题探讨[J]. 卫生职业教育，2019，37（24）：35-37.

[30] 陈小莹. 智慧教学视域下西藏高校混合教学模式构建探索——以计算机实

践课程教学为例 [J]. 西藏教育，2020（4）：14-18.

[31] 郭璨. 变革与重构 [M]. 成都：西南交通大学出版社，2021.

[32] 刘萍. 高校国际教育理论与实践 [M]. 武汉：武汉大学出版社，2020.

[33] 汪应，陈光海，韩晋川. 高校教师信息化教学能力构成研究 [M]. 重庆：重庆大学出版社，2018.